지중해의 영화

지중해 국가정보 시리즈 **6**

지 중 해 의   영 화

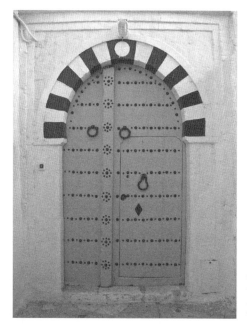

● 박은지 지음

산지니

사랑하는 부모님과 가족에게

지중해 영화를 찾아서

우리에게 지중해는 어떻게 다가오는가?

지중해라는 말만 들어도 가슴이 설레는 이들이 있다. 이 바다는 맑고 눈부시게 푸르른 신비로 가득하다. 영화 〈지중해〉의 철없도록 낭만적인 지중해 사람들이 생각난다. 파란 하늘 아래 펼쳐진 하얀 모래와 하얀 돌담, 강렬한 햇빛, 온화한 기후…….

우리의 기억에 담긴 지중해 이미지는 대체로 남부 유럽의 하얀 지중해이다. 그러나 지중해에는 아프리카인도 있고 콧수염과 검은 머리를 휘날리는 아랍인들도 함께 살고 있다. 검은 지중해를 상상하는 힘을 우리는 잃고 있다.

지중해의 낭만과 신화는 어쩌면 매우 제한된 얼굴을 하고 있다. 지중해를 들여다보면 서구와 오리엔트, 유럽과 중동, 아프리카와 아시아가 빈틈없이 들어서 있다. 이 바다는 사방이 육지에 둘러싸인 '문명의 호수'였다. 실제의 지중해는 공존과 섞임, 갈등과 화해의 현장이다. 과거에는 비잔티움의 기독교와 오스만의 이슬람교가 번갈아 지배했던 곳이다. 오늘날에는 유럽과 아랍, 두 세계가 공존하고 있다.

이러한 공생의 무대에서 해마다 수많은 영화들이 나오고 있으며,

그중 일부는 우리와 조우한다. 지중해에서 온 영화들은 아직 우리에게 잘 알려져 있지 않다. 한국 영화를 비롯한 동아시아 영화, 그리고 할리우드 영화로 이루어진 친숙한 영화들에 비해 아직은 신비감이 좀 남아 있다. 그러다 보니 지중해권 지역의 영화를 관람한 우리나라의 관객들은 흔히 지중해적인 것의 아우라, 즉 역사적 광채와 낯선 스타일에 압도되는 경우가 많다. 그것이 유럽 영화이든 아랍 영화이든 간에 말이다.

우리에게 신비감을 줄 수 있는 영화가 남아 있다는 것은 어떤 면에서 우리를 행복하게 한다. 물론 미지의 대상에 대해 동경과 이국적 감정을 가지는 것은 자연스럽다. 이는 다른 문화권에서 온 영화와 사귀고, 그것과 친구가 되기 위해 꼭 필요한 과정이다. 영화와 친해지려면, 처음부터 분석해서 친해질 수는 없는 것이다. 그러나 시간이 무르익으면 처음의 감정만으로 관계를 계속 유지할 수는 없다. 인제까지 지중해가 우리에게 이국적인 타자의 이미지로 남아 있을 수는 없는 것이다.

이 책이 '지중해의 영화'라는 친구를 사귀는 방법에 관한 하나의 가이드가 되기를 소망한다. 지중해의 영화는 우리에게 어느 정도 수위에 이르는 정서적 반응과 문화적 공감을 요구한다. 정서적 이질감(문화권의 차이, 인종의 서로 다름, 성에 대한 터부로부터 자유로움, 개인주의······)은 차치하고서라도 나라마다 개성이 뚜렷한 저마다의 영화적 매력이 하나같이 강렬하다. 이로 인해 유럽과 아프리카, 아시아의 시대정신이 교차하는 무대가 되어온 이 지역의 영화는 지금 세계 영화

의 흐름 속에서 국경, 인종, 종교 등으로 대변되는 정체성의 문제로
곧잘 엉켜 있다. 여기에 국제관계의 첨예한 갈등과 전쟁이 일어나는
지중해의 지정학적 질문이 더해지면 우리는 영화를 보면서 아예 이
야기 자체를 놓칠 지경이 된다. 타 문화권의 영화를 보면서 이런 순
간들이 가장 절망스럽게 느껴진다. 혹은 바로 그렇기 때문에 우리는
영화와 만나야 한다.

　모든 영화는 재미있어야 한다고? 영화는 이해하기 쉬운 예술이라
고? 영화는 대중을 즐겁게 해야 한다고? 지중해의 영화들은 그런 질
문들이 얼마나 위험한지를 보여주는 자리이다. 지중해의 다양한 영
화들은 오히려 우리가 영화를 이해하는 데 있어 갖고 있는 편협성에
대해 물어볼 것이다. 이곳에서 온 영화는 유럽 영화만의 것도 아니고
또한 아랍과 아프리카 영화의 것만도 아니며, 아시아 영화의 것이기
도 하기 때문이다.

　지중해의 영화가 이토록 광범위한 것일진대, 이 책이 '지중해 영화'
에 대해 한 자리에서 상상하고 이야기하는 것은 짐짓 섣부를 수 있
다. 아니 사실을 말하자면 어쩌면 무모함에 가까울 수도 있다. 때문
에 이 책에서 제외된 감독들과 작품들에 미안한 마음을 금할 수 없
다. 어쨌든 선택의 과정에서는 뛰어난 감독의 개인적 역량의 반영으
로서의 작품보다는, 시대의 욕망과 가치가 드러나는 문화적 결과물
로서의 영화에 편애를 쏟을 수밖에 없었다. 세상만사가 연구의 대상
이어서 21세기 초에는 연구대상이 아닌 분야가 사실상 존재하지 않
는다고 해도 과언이 아닌 시대에 우리는 살고 있다. 어떠한 대상이

왜 연구할 만한 가치를 지니는지, 그리고 어떤 연구 형식을 취해야 하는지는 다양한 요소에 의해서 결정되지만, 그런 모든 요소를 관통하는 보편적 신념은 연구 대상이 중요한 가치를 지닌다고 믿는 정신이다.

지난 100여 년 동안 영향력을 발휘해온 영화의 역사에서, '지중해 영화란 무엇인가?'란 질문에 대해 모두가 수긍할 수 있는 답변은 없었다. 시네필들이 사랑하는 수많은 걸작의 배경에 지중해가 등장했음에도 불구하고 막상 지중해 영화는 정체성이 모호했다고 해도 결코 과언이 아닐 것이다. 〈아멜리에〉 같은 영화와 〈칠판〉 같은 영화를 지중해권의 지리적 위치에 속한다는 이유만으로 '지중해 영화'로 한데 묶을 수 있는가? 전자는 전형적인 유럽의 이미지로 수놓은 프랑스 영화인 반면에, 후자는 영토가 없이 부유하는 중동의 소수 민족인 쿠르드족에 관한 영화이다. 그러나 한 발짝 물러나서 〈아멜리에〉가 오늘날 프랑스의 관점으로는 허상에 가까운 인종 청소를 감행한 영화로 한편에선 비판을 받았으며, 〈칠판〉과 같은 소수 민족 영화가 국제관계에서의 패권주의와 힘의 역학의 부산물로 존재한다는 것에 생각이 미치게 되면 이 두 서로 다른 영화의 간격이 좁혀진다.

이 책은 부산외국어대학교 내에 세워진 지중해지역원 소속으로 필자가 진행해온 〈영화로 보는 지중해 문화〉와 〈영화 속의 지중해〉 등의 강의로 인해 탄생하였다. 그동안 대학에서 영화 강의를 해왔지만 유례가 별로 없는 '지중해 영화'를 하나의 강의 과목으로 탄생시킬 수 있었던 것은 지중해지역원에서 기회를 준 덕분이다. 물론 현실적인 집필 동기는 마땅히 참고할 만한 책이 없었기 때문이다. 유럽 영화와 아랍 영화를 한자리에서 논하는 책을 만나기란 쉽지가 않았다.

지극히 풍부한 영화적 유산을 가진 지중해 영화를 한 권의 책으로 표현하는 것은 불가능하다. 이 책 『지중해의 영화』는 그 유산의 십분의 일도 담아내지 못했다. 다만 영화적 이미지와 기억을 더듬어보려는 하나의 작은 시도일 뿐이다. 그 결과는 독자들의 몫이지만 이 책을 통해 독자들이 여러 시공간의 지중해 영화들과 친숙해질 수 있다면 좋겠다.

이 책의 구성은 크게 두 부분으로 나뉜다. 1부에서는 지중해 영화사를 개괄적으로 다루면서 지중해에서 태어난 영화사 초기에서부터 현재까지 흐름을 조망했으며, 특징적 영화사의 계보나 감독들 위주로 다루었다. 유럽 영화는 주로 프랑스, 이탈리아 위주로 접근을 시도했고, 아랍 영화는 이집트, 마그레브, 이스라엘 및 팔레스타인 영화들을 대상으로 삼았다. 2부에서는 개별적 영화 작품 읽기를 시도했다. 아무쪼록 이 여정이 낯익은 기억의 재생에 연연하지 않고 우리를 낯선 풍경들 속으로 이끌며 가능한 멀리 데려가주길 바랄 뿐이다.

끝으로 부족한 이 글을 지중해 국가정보시리즈의 이름으로 출판을 허락해주신 부산외국어대학교 지중해지역원의 윤용수 원장님께 감사의 뜻을 전하며 연구에 매진하는 귀한 시간을 내서 서로의 글에 대한 관심을 나누어 주시는 지중해지역원 선생님들께 감사드린다.

필자가 영화의 세계에 빠져서 유유자적하느라 집안일도 소홀히

하고 정신도 없을 때가 많은데 어느덧 키가 훌쩍 자라버린 세원이와
이런 모든 것을 그저 자신의 팔자로서 포용하고 같이 살아주는 남편
에게 사랑과 고마움을 전하지 않을 수 없다.

2014년 6월
박은지

차례

∎ ∎ ∎
제1부

지중해 영화의 역사

영화는 왜 탄생하였나?

〈티켓 두 장!(Tickets for Two)〉은 윌리엄 로쉬포트(William E. Rochfort)의 작품이다. 멀티플렉스가 생기기 이전 우리의 '극장 경험'에는 향수를 자극하는 무언가 순수함 같은 것이 있었다. 아무도 멀티플렉스를 그림으로 그리진 않는다.

에드워드 호퍼(Edward Hopper)의 〈뉴욕 영화관(New York Movie)〉(1939)은 아마도 극장을 그린 가장 유명한 그림 중 하나일 것이다. 빛과 그림자, 일상의 리얼리즘 등을 묘사한 호퍼의 그림은 이렇듯 영화에서 영향을 받았다.

영화가 왜 탄생하였는가에 대한 질문은 예술의 기원으로까지 거슬러 올라간다. 얼마나 오래전부터 인류는 영화에 대해 상상하고 꿈꾸어왔는가. 앙드레 바쟁(André Bazin)은 고대 이집트의 미이라 보존 관습에서부터 조형예술의 심리적 기원을 따지면서, 영화는 이러한 현실의 시공간을 기록하고 보존하려는 인류의 욕망이 마침내 구현된 매체라고 말했다. 비단 바쟁뿐만 아니라 우리는 영화가 19세기에 태어나 20세기에 전성기를 맞이한 예술 혹은 대중 매체라는 사실에 동의를 표한다. 이러한 의미에서 20세기는 영화가 현실의 이미지를 복제하는 가장 진화된 매체로서 자리 잡게 된 그야말로 영화의 시대였다. 이 지난 세기는 불 꺼진 어두운 영화관에서 영화사의 위대한 순간들이 우리를 울고 웃기면서 스크린에 빛을 발하던 시기였다.

심지어 디지털 시대를 맞이한 오늘날에도 영화는 우리들의 삶 도처에 자리 잡고 있으며, 영화적 경험은 우리들의 일상이 되고 있다. 다만 우리가 살고 있는 21세기에는 '필름'의 성격이 바뀌었다. 영화의 모든 단계에서 디지털 과정이 사진적 과정을 대체하기 때문에, 이제 우리는 극장만이 아니라 디지털 테크놀로지가 가능한 다양한 장소에서 영화를 볼 수 있다. 이러한 새로운 디지털 정신이 영화의 미래를 위협할 것이라는 초창기의 우려에도 불구하고, 이미지를 기록하는 매체로서의 영화의 고유한 속성은 여전히 지속되고 있다. 영화의 역사는 이제 필름의 빈자리에 새로이 떠오르는 영화 세계의 정신과 영혼을 디지털 시네마의 이름으로 새겨 넣고 있는 중이다.

그렇다면 지난 100여 년 동안 영향력을 발휘해온 영화사에서 '영화란 무엇인가?'에 대하여 모두가 수긍할 수 있는 답을 찾기는 결코 쉽지 않았다. 실제로 영화는 20세기 내내 정체성의 위기에 놓여 있었다고 해도 과언이 아니다. 영화는 예술인가? 대중오락인가, 혹은 과학인가? 영화를 예술로 보는 것은 어느 예술에 못지 않게 영화가 심오하고 아름답다는 관점을 견지한다. 군이 리치오토 카누도(Ricciotto Canudo)와 같은 초기 영화사가들이 말했던 '제7의 예술'로서의 영화를 인용하지 않더라도, 한 편의 위대한 영화는 관객에게 인간의 본성을 더욱 발전시킨다는 점에서 예술작품으로서의 타당성을 얻을 수 있을 것이다.

물론 순수한 예술로만 존재하기에는 영화가 다른 특징들도 지니고 있음을 간과할 수 없다. 다수 대중에게 소비되기를 지향하는 영화는 시장의 논리에 의해 문화 상품으로서 이윤의 창출이라는 목표를 가지는 것은 분명한 사실이다. 게다가 앞으로 더 자세히 살펴보겠지만, 영화는 태생적으로 과학적 발견의 산물이기도 하다. 당대의 기술적 발전이나 진보의 뒷받침 없이는 실현이 불가능한 매체라는 점에서 영화는 기존의 예술과 뚜렷이 구별되는 것이다. 그러나 한 세기를 거치며 영화가 분명한 하나의 예술로 자리 잡은 현 시점에서, 혹은 적어도 영화라는 장르 자체가 '대중 문화 상품'으로서의 영화와 '예술 작품'으로서의 영화로 나뉘어 정착되어가고 있는 현 시점에서, 영화가 예술인가에 관한 논쟁에 집중하기보다는 영화라는 장르의 독자적인 특성을 이해하면서 영화가 우리에게 미치는 영향관계를 추적하는 일이 더 바람직할 것이다.

예컨대 우리에게 예술로서의 영화의 가치는 무엇인가? 우리를 울고 웃기는 영화는 어떠한 미적 기준을 가지는가? 영화가 예술이라면, 영화의 탄생은 인간을 승화시키고 교육시키는 역사적인 진보나 필연성과 같은 개념으로 말할 수 있는가?

영화가 탄생하게 된 데에는 이른바 영화의 필연성을 떠올리지 않을 수 없다. 이는 영화가 어느 날 하루아침에 발명된 것이 아니라, 당대의 어떤 욕망 혹은 어떤 가치에 부합하는 이유를 지니고 있었기에 영화의 탄생이 문화적이고, 이데올로기적으로, 그리고 기술적으로 필연적인 과정이었다고 보는 것이다. 애초에 영화에 관심을 기울인 이들은 르네상스 시대의 소실점에 몰두했던 건축가와 화가들, 그리고 아랍의 마술사들과 중세에 새로운 과학의 담론을 준비하던 사제들이었다. 1646년에 수학자이며 예수회 사제였던 아타나시우스(Athanasius Kircher)에 의해 레오나르도 다빈치(Leonardo da Vinci)의 '카메라 옵스큐라'를 원본으로 촛불과 렌즈를 결합시켜 거의 완전하게 영화관에서 영화를 상영하는 메커니즘을 완성해내었던 것은 영화의 발전에서 주목할 만한 사실이었다.

이러한 영화의 선구자들—발명가, 마법사, 예술가, 지식인, 건축가, 과학자들—은 처음부터 영화의 본질에 대한 질문을 던졌다. 영화란 무엇인가? 그것은 회화에서 시작되는가, 아니면 사진에서 출발하여 움직임을 더한 것인가? 즉, 공간의 포착인가 아니면 시간의 저장인가? 1895년 3월 21일 뤼미에르 형제(루이 뤼미에르와 오귀스트 뤼미에르 Louis Lumière와 Auguste Lumière)는 파리에서 열린 '국립산업진흥협회'에서 열린 석학들과 과학자들의 회합에서 자신들의 첫 영화들 중에 하나였던 〈뤼미에르 공장을 나서는 노동자들(La Sortie de l'Usine Lumière à Lyon, Workers leaving the Lumière Factory)〉을 상영했다.

영화의 출현은 18세기와 19세기의 대중적 스펙터클과 오락으로까지 거슬러 올라갈 수 있다. 이 시기의 시대극으로 만들어진 최근의 영화 〈일루셔니스트(The Illusionist)〉(2006)나 〈프레스티지(The Prestige)〉(2006)에서 볼 수 있듯이 당시에는 매직 랜턴(환등기)이나 판타스마고리아, 혹은 파노라마 쇼 등을 통해 환영으로서의 움직임을 보여주는 마술과 쇼가 인기가 있었다. 이로 인해 대중들은 영화를 볼 준비가 어느 정도 되어 있었다고 볼 수 있다. 마침내 영화가 나타났을 때 이는 중요한 대중적 사건이 되었다.

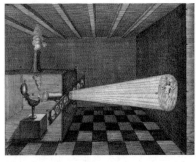

매직 랜턴(왼쪽)과 판타스마고리아(오른쪽)

■
마침내, 영화가 탄생하다

1895년 영화의 창시자로 알려진 뤼미에르 형제는 〈시오타 역에 도착하는 기차(L'Arrivée d'un train en Gare de La Ciotat, The Arrival of a Train at La Ciotat Station)〉(1895)를 찍기 위해 지중해로 향했다. 남프랑스의 시오타 마을에 별장을 가지고 있던 뤼미에르 형제에게 이 지역의 풍부한 자연 조명이 영화에 적절하다는 것은 당연한 결정이었을 것이다. 이렇게 하여 탄생한 영화 〈시오타 역에 도착하는 기차〉는 역으로 돌진해 오는 기차의 거대한 실체를 보여주는 50초짜리 무성 영화였다. 이 최초의 영화는 1939년 사진의 출현 이후로 인류의 오랜 꿈이었던 활동사진(moving image)의 시작을 알렸다는 데 의의가 있다. 당시 파리의 그랑 카페에서 상영되었던 이 영화는 사람들의 호기심을 단숨에 사로잡았고, 영화의 미래는 누구도 예측할 수 없었다. 한 번도 영화를 접한 적 없었던 관객들에게 움직이는 기차의 역동적 이미지로 다가온 영화라는 매체는 그야말로 경이로움 그 자체였다.

이듬해에 처음으로 뤼미에르사의 영화를 접한 막심 고리키(Maxim Gorky)는 이 느낌을 "정말로 낯선 세계였다. 소리도 색채도 없는 어둠의 왕국. 땅, 물, 공기, 나무들과 사람, 모든 것이 다 잿빛이었다. 그것은 어두운 생명의 그림자였고 소리 없는 망령의 움직임이었다"라고 기록하고 있다. 바야흐로 새로운 스펙터클의 시작을 알리는 순간이었다. 영화가 인류의 진보를 향한 위대한 발걸음이 될 것이라는 흥분에 들뜬 당시의 신문 기사는 "언젠가 모든 대중이 카메라를 소유하게 된다면 어떻게 될 것인가. 그리하여 자신들에게 소중한 사람들을 카메라에 담은 삶의 모습이 화면에 재생될 때마다, 죽음이 가진 완결성 또한 사라질 것이다"라고 예측하기까지 했다.

〈시오타 역에 도착하는 기차〉

뤼미에르 형제가 '영화의 아버지'로 간주되는 것은 그들이 대중 문화의 스펙터클 시대를 열었기 때문이다. 1895년 이전에도 영화는 상영되었다. 그럼에도 불구하고 많은 사람들이 뤼미에르 형제를 영화의 창시자로 기록하는 것은 그들의 영화가 전문가들이나 기술자들이 아닌 대중을 상대로 한 최초의 상영이었기 때문이다. 하지만 오늘날 영화의 기초를 다졌던 이들 중에 뤼미에르 형제만 있었던 것은 아니었다.

이를테면 사진가인 에드워드 머이브릿지(Edward Muybridge)는 말이 달릴 때 과연 네 발이 모두 뛰는가 아니면 한 다리는 항상 땅에 닿는가, 라는 문제를 놓고 유명한 실험을 했다. 그가 연속적으로 찍은 사진으로 말의 동작을 분석하는 연구는 오히려 역으로 생각하여볼 때 연속 사진으로 영사를 하면 동작을 재구성할 수 있다는 발견이었다. 에티엔 쥘 마레(Etienne Jules Marey)는 일련의 연속적인 움직임을 촬영할 수 있는 사진총(fusil photographique)을 고안했다. 이렇게 촬영한 연속적으로 돌아가는 필름을 이용한 최초의 동체사진기 크로노포토그라프(chronophotograph)를 발명해낸 그는 현실의 움직임에 대한 완벽한 재현이 임박했음을 시사했다.

영화의 발명은 여러 나라의 기술자와 기업가들이 주도권을 잡고자 군침을 흘리며 경쟁적으로 뛰어든 긴 과정이었다. 적어도 6개국에서 12명 정도의 사람들이 자신의 것이라고 주장한 영화의 '발명'은 우연적인 것이 아니었다. 세기가 바뀔 무렵에는 각국의 발명가들이 영사, 소리, 색채, 입체감을 연구하며 완벽한 '영화'의 창조에 거의 동시다발적으로 매달리고 있었다. 이에 관해 짚고 넘어가려면, 우리는 잠시 19세기 말로 돌아가서 영화라는 매체의 탄생을 분명하게 구분할 필요가 있다.

엄밀히 말해서 영화의 탄생에 결정적인 기여를 했던 이들은 미국의 발명왕 에디슨(Thomas Edison)과 그의 조수였던 딕슨(W. K. Laurie Dickson)이었다. 이들은 오랜 연구를 거듭하여 현실의 움직임을 보여주는 기구로서의 영화를 발명해낸 장본인들이었다. 실제로 에디슨은 전기야말로 새로운 매체의 혁신적 동인이 될 것이라 믿으며 자신이 만들어낸 최대의 발명품은 축음기라고 확신했다. 우연한 기회에 '눈을 위한 축음기'에 관한 연구에 몰두하게 된 에디슨과 딕슨은 영상을 녹화할 수 있는 키네토그래프(kinetograph)라는 기구와 녹화된 영상을 재생시키는 키네토스코프(kinetoscope)를 만들어냈다.

1891년에 완성된 키네토스코프는 작은 구멍을 통해 움직이는 이미지를 구경할 수 있는 요지경 기계였다. 이 기계는 혼자서만 볼 수 있을 뿐, 이후에 영화가 상영되고 관객들이 모여서 관람하는 영화사적 발전을 선도하기에는 치명적인 약점을 가지고 있었다. 에디슨은 활동사진이 개인적이고 비밀스럽게 보여져야 한다는 생각을 버리지 않았던 것이다. 즉, 그는 개개인이 작은 구멍으로 훔쳐보는 쾌락을 만끽하기를 원했다. 관객들은 1니켈을 내고 들어서서 조그만 구멍에 눈을 바싹 대고 권투경기나 발레리나 등의 영상을 들여다보았다. 그러나 대중들은 모여 있기를 더 좋아했으며, 그가 발명한 영사기는 일시적으로는 성공할 수 있었지만 곧 사람들은 이 낯선 기계에 싫증을 느꼈다.

　반면, 루이 뤼미에르는 영사가 불가능해서 대중이 함께 즐길 수 없는 에디슨식 영사기의 결점을 간파하고 있었다. 그는 이를 보완할 수 있는 영화가 필요했다. 그의 목표는 관객 모두에게 다가갈 수 있는 영사 시스템을 만드는 것이었다. 이를 위해 촬영과 영사가 가능한 기계를 만드는 작업에 착수하였고, 오늘날 영화 상영과 마찬가지로 스크린에 투사하는 방식을 도입하면 대중을 상대로 영화를 보여줄 수 있다는 데 착안했다.

　드디어 완성된 시네마토그라프(cinematograph)는 프랑스에서 1895년 첫 선을 보인 카메라 겸 영사기였다. 오늘날 우리가 영화를 일컫는 '시네마'는 뤼미에르가 그리스어에서 따온 시네마토그라프로 발명 특허를 신청했던 데에서 유래한다. 이 획기적인 영사기는 대중이 하나의 어두운 공간에 모여서 스크린에 상영되는 영화를 관람하는 최초의 장치였다. 결국, 뤼미에르는 에디슨이 이룬 성과에 더해, 필름 영사의 기능을 영화에 부여함으로써 진정한 영화의 발명가로 영화사가에게 인정받게 된다.

에디슨의 키네토스코프(위)
뤼미에르 형제의 시네마토그라프(가운데)
뤼미에르 형제의 영화상영 포스터(아래)

■
뤼미에르, 영화의 '아버지' 그리고 영화관의 창시자

뤼미에르 형제의 영사기는 많은 사람이 동시에 영화를 볼 수 있다는 점에서 기존의 활동 사진들과는 차원이 다른 '영화적' 경험을 안겨주었다. 이로써 그들의 영화는 영화가 향후 100년 이상 될 대중 문화의 대표 자리로서 자리 잡는 하나의 전환점이 되었다. 그런 의미에서 우리는 한 세기 전의 뤼미에르의 영화를 다시 생각해보아야 한다.

뤼미에르로 인한 영화의 탄생 이후로 인류는 영화관의 어둠 속에서 서로를 인식하고 감정을 공유해왔다. 영화를 보기 위해 우리는 황혼녘의 몽상과도 같은 영화관의 어둠 속으로 빨려 들어가고야 만다. 그곳에서 마치 유령처럼 출몰하는 삶의 이미지가 재생될 때마다, 우리는 그것이 화면 저편에서 다시 부활하고 있다는 일종의 꿈을 꾸는 것과 유사한 환상에 젖어드는 것이다. 오로지 영화관에서만 구현될 수 있는 어두운 공간에서 흔들리는 빛과 영상, 그리고 영상 속의 움직임을 목격하면서 우리는 상처받은 영혼이 위로를 찾아 헤매듯이 스펙터클이 가져다주는 최면에 빠져든다.

최초의 관객 반응은 오늘날 우리가 영화를 보러 극장에 가는 것과 별반 다르지 않았다. 최초의 관객은 바람에 흔들리는 나무, 출렁이는 물결의 움직임에도 탄성을 터뜨렸으며 시오타역에 들어서는 기차가 자신들을 향해 돌진해 오는 듯한 스릴감에 빠져들었다.

"조심해! 기차는 어둠 속에 웅크린 우리의 살갗을 찢어버리고, 등뼈를 산산이 부숴버리고, 포도주와 음악과 여인, 온갖 향락으로 차고 넘치는 타락한 이 세계를 한줌의 재로 만들어버릴 기세였다. 우리는 그렇게 믿었다."(막심 고리키, 1896년 7월 4일)

이처럼 영화사 초기에 등장하는 달리는 기차의 이미지는 영화의 원초적 장면으로 자리매김하면서 이후 영화사에서 역동적인 스펙터클을 표현하는 단골 메뉴가 되었다. 초기 서양영화사의 교과서가 된 〈대 열차 강도(The Great Train Robbery)〉(1903)를 비롯하여 대중적 인기를 누렸던 서부영화 장르에서부터 오늘날의 액션 영화에 이르기까지, 달리는 기차의 이미지는 다수의 영화 화면을 가로지르고 다닐 운명이었다. 유감스럽게도 루이 뤼미에르는 이를 예기치 못했다. 그는 영화란 그저 '미래 없는 발명품'이라 보며 서서히 영화에 흥미를 잃고 다시 본업이었던 사진에 전념하게 되지만, 1937년 특수안경을 끼고 보는 입체 영화를 발명해 또 한 번 영화사의 발전에 기여하게 된다. 뤼미에르 형제는 영화의 대중 예술적 기능에 큰 의미를 부여하지는 않았지만, 그들의 영화 〈시오타 역에 도착하는 기차〉는 영화의 미래가 향하는 방향을 어느 정도 예견하고 있었던 것이다. 달리는 기차의 이미지를 영화로 보는 행위를 통해 사람들은 긴장감을 느끼고 감정의 미묘한 변화를 집어낼 수 있었다. 이는 곧 영화가 관객에게나 감독에게 하나의 예술 행위로 다가설 수 있음을 의미했다.

1895년 12월 28일, 파리의 그랑 카페에서 상영되었던 뤼미에르 형제의 최초의 영화는 모두 열 편이었다. 〈뤼미에르 공장을 나서는 노동자들〉은 하루 일과를 마치고 집으로 돌아가는 노동자들의 활기찬 움직임을 보여주었고, 〈아기의 점심(Repas de bébé, Baby's Breakfast)〉에는 오귀스트 뤼미에르와 그의 아내가 아기에게 식사를 주는 중산층 가정의 단란한 오후 나절이 담겨 있었다. 정원에 물을 주던 정원사의 호스를 밟았다가 다시 물을 내뿜게 하여 혼나는 소년의 모습을 담은 〈정원사[Le Jardinier(l'Arroseur Arrosé), The Gardener]〉는 낄낄거리는 관객들에게 웃음을 선사하기에 충분했다.

뤼미에르 형제의 영화는 대중을 상대로 한 스펙터클이라는 점에서, 움직이는 이미지의 대중적 상영이라는 오늘날 영화의 파급력에 부합하는 것이었다. 최초의 영화 상영에서 당시의 관객은 13명이었지만, 두 번째 상영에는 100여 명 정도의 관객이 있었다. 곧 몇 주 지나지 않아 뤼미에르 형제는 하루에 영화를 20회로 늘여서 상영을 했으며 관객들은 입장을 위해 긴 줄을 서야만 했다. 그들로 인하여 탄생을 맞이한 새로운 영화 매체는 서서히 대중 오락의 범주 안으로 들어오게 되었고 상업성을 가진 전도유망한 국제적 산업이 되었다.

〈대 열차 강도〉, 〈미션 임파서블(Mission Impossible)〉(1996), 〈설국열차〉(2013). 시대는 바뀌어도 영화에서 기차가 달리는 장면이 가지는 원초적인 생명력은 계속된다.

〈대 열차 강도〉, 〈미션 임파서블〉, 〈설국열차〉

■
초기 프랑스 영화(I) - 뤼미에르 VS 멜리에스

심지어 뤼미에르 형제는 영화를 발명한 이듬해인 1896년에 시네마토그라프를 앞세우고 미국 시장으로 진출을 시도하기에 이른다. 그러나 미국 보호주의의 벽에 부딪히면서 뤼미에르의 노력은 성공을 거두지 못했다. 하지만 영화의 탄생에서부터 1차 세계대전이 일어나기 전 30년 동안 영화는 작은 실내 오락실 수준의 산업을 벗어나서 국제적 산업으로 성장하는 눈부신 발전을 이루었다. 이 와중에 미국의 발명가들이 영화 산업의 독점을 노리고 특허권 소유에 관한 소송으로 자국 영화 산업의 발전을 늦추고 있었던 반면, 프랑스 회사들은 세계적으로 시장에서의 선두를 빠르게 다져나가면서 영화 종주국으로서의 위상을 차지할 수 있었다.

실제로 초기 영화의 주도권은 프랑스 영화에 있었다. 오늘날 전 세계의 영화시장을 장악하고 있는 할리우드의 강력한 지배력을 의식하면 의외로 비칠 수도 있겠지만 영화가 신생장르의 한계를 넘어 중요한 현대 대중문화의 한 장르로 빠르게 자리 잡은 곳은 프랑스와 이탈리아를 비롯한 유럽이 먼저였다.

프랑스 영화는 뤼미에르 형제의 영사기에 대한 막대한 수요를 발판으로 세계 영화 흐름을 주도하고 있었다. 유럽 각국의 영화사는 실제로 시네마토그라프의 등장과 함께 시작된다. 프랑스 영화의 제작과 수출을 주도했던 것은 물론 뤼미에르 형제였다. 그들은 상영할 영화의 편수를 늘이기 위해 프랑스뿐 아니라 전 세계 방방곡곡에 촬영기사들을 파견해 영화를 제작했다. 이렇게 하여 1900년대 초의 프랑스, 아시아, 아프리카 등 전 세계의 놀라운 이미지들이 보관되어 있었다. 이 시기에 제작된 〈이집트: 나일 강의 파노라마(Egypte: Panorama des rives du Nil, Egypt: Panorama of the Banks of the Nile)〉(1897)와 같은 혁신적인 작품은 움직이는 보트에 카메라를 설치함으로써 후대의 영화제작자들에게 영감을 주기도 했다. 이러한 뤼미에르사 소속으로 영화를 찍은 촬영기사 펠릭스 메스기슈(Félix Mesguich)는 세계 각지를 돌며 러시아 황제 니콜라이 2세의 대관식을 찍은 기록영화 등 수많은 필름을 남겼다. '이미지의 사냥꾼'을 자처했던 메스기슈와 같은 영화인들은 20세기 초, 세계에 대한 증언으로 남아 있는 뤼미에르사의 영화에 대한 개척의지와 사명감을 대변해주고 있다.

한편 뤼미에르 형제는 시오타의 여름 별장에 머무르며 역사적인 최초의 영화들을 찍으면서 자신의 영화를 주로 현실을 기록하는 사실주의의 수단으로 파악하고 있었다. 1895년 그랑 카페에서 상영된 〈시오타 역에 도착하는 기차〉는 시오타역 플랫폼의 가장자리에 카메라를 고정시킨 채 현실의 기차 이미지를 촬영한 기록영화였다. 이날 상영된 1분 남짓한 길이의 영화들은 주변의 일상생활을 고정된 프레임으로 포착한 짤막한 뉴스릴들이었다. 실제로 뤼미에르의 초창기 영화들은 거의 모두가 현실과 실재를 그대로 담은 일종의 기록영화이었다.

뤼미에르 영화의 초기영화 〈뤼미에르 공장을 나서는 노동자들〉은 실제로 뤼미에르 공장의
하루 일과를 마치고 퇴근하는 사람들의 모습을 촬영한 기록영화이다.

이 시대에는 보는 것 그 자체가 신기한 경험이었으며 이야기는 부수적인 요소에 불과했다. 영화가 이야기를 담을 수 있었던 것은 한참 뒤에 볼 수 있는 풍경이었다. 애초에 발명가들의 관심은 기계 장치에 있었을 뿐 촬영된 이미지는 기계를 파는 부수적인 요소에 불과했다. 이에 따른 사람들의 관심 또한 보는 것 자체가 주는 신기함의 차원에 머물러 있었다. 뤼미에르사가 '세계를 내 품 안에(Placing the world within one's reach)'를 모토로 삼았던 그 당시의 현실이 말해주듯이, 영화는 여전히 끊임없이 무엇인가를 보고 싶어 하는 관객의 관음증을 채워주기 위한 차원에 머물러 있었다. 톰 거닝(Tom Gunning)이 초기 영화의 시대를 일컬어 '매혹의 영화' 시대로 불렀던 것은 우연이 아니다. 당시의 사람들이 최초의 영화 속에서 발견한 것은 움직이는 이미지가 주는 사실성에 대한 매혹이었지, 무언가 대단한 예술작품을 감상한다는 것은 결코 아니었다. 이 시기에는 영화가 아직 예술이 아니었던 것이다.

영화가 예술로 인정받게 되어 영화의 관심이 이미지의 미적 가치를 담을 수 있었던 것은 조르주 멜리에스(Georges Méliès) 덕분이었다. 영화에 '연출'이라고 하는 시공간의 재단을 처음으로 시도한 사람은 바로 멜리에스였다. 영화에 연출이 도입되면서 드디어 영화에서 이야기가 시작되었고 가벼운 영화와 함께 진지한 주제의 영화 역시 존재하게 되었다. 이렇게 해서 만들어진 멜리에스의 영화는 신기한 마술로 가득 찬 작은 우주였다. 요정과 신비, 환상, 풍자와 해학 등이 넘쳐흘렀다. 1896년 4월부터 멜리에스는 키네토그래프를 이용해 자신의 마술쇼에서 '활동사진'을 보여준다.

뿐만 아니라 자신감에 넘친 멜리에스는 마침내 1897년 파리 교외에 있는 자신의 별장 정원에 거대한 영화 스튜디오를 만들었다. 그리고 헛간처럼 생긴 이 스튜디오에 당시 프랑스 마술의 우상이었던 로베르 우댕 극단에서 쓰던 갖가지 기기들을 재현해놓고는 영화를 찍기 시작했다. 〈신데렐라(Cendrillon, Cinderella)〉(1899), 〈오케스트라 맨(L'homme orchestra, The One-Man Band)〉(1900), 〈푸른 수염(Barbe-bleue, Bluebeard)〉(1901), 〈화산섬 마르티니크의 폭발(Éruption Volcanique à la Martinique, The Eruption of Mount Pelee)〉(1902), 〈에드워드 7세의 대관식(Le Sacre d'Édouard Ⅶ, The Coronation of Edward Ⅶ)〉(1902), 〈달 세계 여행(Le Voyage dans la lune, A Trip to the Moon)〉(1902), 〈악마의 400가지 장난(Les Quat'cents Farces du diable, The Merry Folics of Satan)〉(1906) 등이 이때 만들어졌다. 이처럼 1896년부터 1913년 사이에 무려 500여 편의 영화를 내놓은 걸 보면, 멜리에스가 얼마나 열성적으로 영화에 몰두했는지 짐작이 가고도 남는다.

그의 영화세계 안에서는 현실보다 더 재미있는 허구의 세계가 연이어 탄생하는데, 1902년에 선보인 〈달 세계 여행〉은 영화사에 길이 남을 역작이었다. 일군의 과학자들이 로켓에 몸을 싣고 달로 떠난다는 내용을 담은 이 영화는 영화사상 최초의 공상과학 영화이자 판타지 영화였다. 달에 착륙한 이후 외계인들에 의해 죄수로 몰린 과학자들이 구사일생으로 탈출한다는 이야기의 구조는 오늘날 공상과학 영화의 소재와 거의 대동소이할 정도로 비슷하다. 이 영화는 최초

〈달세계 여행〉에서 우주선 발사 장면(위)과 달에 착
륙하는 장면(아래). 멜리에스의 많은 영화들이 정지
동작과 인물 변형, 미니어처의 활용, 손으로 필름에
직접 그려 넣은 배경 등의 특수효과를 사용하여 제
작되었다. 이는 대부분 오늘날 컴퓨터 그래픽의 힘
으로 제작되는 특수효과의 기능에 해당되는 것들이
다. 하지만 그는 당시의 모든 특수효과를 혼자 손
으로 해결해내었다.

의 특수효과를 사용한 선구적인 작품이었는데, 영화의 구상단계에서부터 이러한 특수효과를 염두에 두고 만들어졌다는 점에서 현재의 CGI 영화와 비교될 만하다. 멜리에스의 많은 영화들이 정지동작과 인물 변형, 미니어처의 활용, 손으로 필름에 직접 그려 넣은 배경 등의 특수효과를 사용하여 제작되었다. 대부분 이는 오늘날 컴퓨터 그래픽의 힘으로 제작되는 특수효과의 기능에 해당되는 것들이다. 하지만 그는 당시의 모든 특수효과를 혼자 손으로 해결해내었다. 그의 정교한 영화들은 이후 영화사적 계보가 초기 영화에서 고전주의 영화로 옮겨가는 교두보 역할을 해주었다.

흔히 멜리에스를 초기 영화의 완성자로 보는 이유는 그의 영화들이 뤼미에르가 추구했던 현실에 대한 단순한 기록에서 벗어나 독창적인 이야기 구조를 지닌 서사 영화로서의 가능성을 열어주었기 때문이다. 그를 기점으로 영화는 1릴짜리의 단순한 영화를 벗어나 복합적이고 변화무쌍한 콘텐츠를 가진 예술로서의 영화로 탈바꿈하게 되었던 것이다. 뿐만 아니라 그는 감독의 역할을 하면서도 영화가 발명가나 기술가가 아닌 예술가들에 의해 실현될 것이라는 인식론적 전환을 가능케 하였는데, 이러한 점이야 말로 영화사적 발전에서 가장 주목할 만한 순간이었다.

멜리에스가 세운 스타(Star) 스튜디오의 내부(위)와 말년에 은퇴
한 그의 모습(아래)이다. 한동안 멜리에스의 영화들은 계속해서 성
공적이었지만, 그의 작은 회사로는 거대 제작사들의 경쟁에 맞서
서 증가하는 수요에 맞추어 영화를 공급하기가 어려웠다. 영화제작
관습이 변화함에 따라 결국 그의 영화들은 구식으로 여겨지게 되었
고, 빚에 몰리게 된 멜리에스는 1912년에 제작을 중지하였다. 그는
아내의 사탕과 장난감 가게에서 수십 년간 일하다가 1938년에 사
망하였다.

초기 프랑스 영화(II) - 상업 영화 VS 예술 영화

세기말의 전환기를 맞이하여 과학적 진보와 문명의 진화에 고무되고 싶어 하던 사람들의 호기심을 이끌어내기에는 1900년 파리에서 열린 만국박람회(Exposition Universelle, Paris Exop, 1900)야말로 영화라는 매체의 저력을 확인하는 거대한 스펙터클이었다. 뤼미에르는 심지어 오늘날 아이맥스에 필적하는 거대한 스크린을 도입해 3,000~5,000명의 관객을 수용하는 상영을 시도하기도 했다. 즐비하게 늘어선 영사기와 필름 등이 주는 전시효과는 놀라울 정도였다. 6개월에 걸쳐 열렸던 이 파리만국박람회 기간에 상영된 영화는 모두 150편에 달했고 326회의 시사회를 통해 약 150만 명의 관객이 영화 관람을 했다.

영화 제작이 확산되면서 설립된 영화사들도 한몫을 담당하는데, 파테(Pathé) 영화사와 고몽(Gaumont) 영화사의 창립은 프랑스 영화산업의 발전에 결정적인 역할을 담당한다. 그리하여 한동안 파테와 고몽이라는 두 메이저 영화사와 멜리에스 등의 세 거물이 힘겨루기를 하는 양상이 프랑스 영화계를 지배하면서, 프랑스 영화계는 초기 영화에서 한 단계 더 나아가기 위한 도약기를 맞이하고 있었다. 영화사 간 경쟁도 치열해져서 파테와 고몽의 스튜디오에서는 멜리에스의 기법을 베끼기에 혈안이 되어 있었고, 파테가 〈마르티니크 화산 섬의 폭발(La Catastrophe de la Martinique, Martinique Disaster)〉(1902)이라는 영화를 만들어내면 멜리에스는 〈화산섬 마르티니크의 폭발〉이라는 영화로 맞서는 식이었다.

한편에서는 흥미 위주로 지나치게 상업화되어가는 영화제작 현실에 맞서 영화를 하나의 예술의 수준으로 끌어올리려는 움직임도 활발하게 이어졌다. 물론 대형 영화사 소속으로 활동하면서도 무성 영화의 가장 위대한 예술가 중의 하나였던 루이 푀이야드(Louis Fuillade) 같은 감독도 있었다. 푀이야드는 고몽 영화사에 고용되어 코미디와 역사영화, 스릴러, 멜로드라마 등을 양산해내면서 프랑스 영화의 전성시대를 이끌었다. 그의 대표작인 〈팡토마(Fantômas)〉 범죄 연작에서 팡토마는 변장의 대가이자 최악의 범죄자로 나오는데 그의 숙명적인 숙적인 주브 형사에게서 항상 빠져나오는 환상적이고 악몽 같은 사건들은 일반 대중에게도 열렬한 인기가 있었지만 초현실주의자들에게도 환영받았다.

고봉 영화사에서 제작한 루이 푀이야드의 범죄물 〈팡토마〉

하지만 이와 동시에 당시 지식인이나 엘리트의 취향에 맞추어 더 예술성 있는 영화 제작을 목표로 하는 작은 영화사들도 생겨나기 시작했다. 1908년에 설립된 필름 아르(Film d'Art)는 당시 문화엘리트들의 취향을 겨냥해 수준 높은 예술 영화들을 제작하는 전문 영화사였다. 그중 〈기즈 공의 암살(L'Assassinat du duc de Guise, The Assassination of the Duke de Guise)〉(1908) 같은 영화는 진지하고 역사적인 주제를 회화적 아름다움을 갖춘 장면으로 표현해내 수많은 지식인 관객들의 찬사를 받았다. 이후 필름 아르의 작품들이 예술 영화란 어떠해야 하는지에 대한 하나의 모범이 되어온 것은 분명한 사실이다. 하지만 필름 아르는 대부분의 영화에서 적자를 내었고 1911년에 매각되기에 이른다.

필름 아르가 제작한 〈기즈 공의 암살〉의 포스터(왼쪽)와 영화 속 한 장면(오른쪽)

■

초기 이탈리아 영화-스펙터클 역사물 VS 사실주의 멜로드라마

1910년 무렵에 이탈리아는 프랑스에 이어 두 번째로 영화가 확산된 국가였다. 초기에 이탈리아 영화는 다른 나라의 영화들과 마찬가지로 뤼미에르사의 기록영화와 비슷한 복제품이거나 리메이크인 경우가 많았지만, 점차 자국영화의 색깔을 갖춘 영화들이 제작되기 시작했다. 그것은 주로 스펙터클 영화와 대작 영화라고 하는 초기 이탈리아 영화 산업의 주요 장르로 발전했다.

이탈리아에서 제작된 최초의 영화는 이탈리아 왕과 여왕이 몬자 공원에서 산책하는 장면을 찍은 단편이었다. 이 영화는 〈공원을 산책하는 사보이아의 마르게리타와 움베르토(Umberto e Margherita di Savoia a passeggio per il parco)〉(1896)였는데 뤼미에르사와 공동으로 제작한 것으로, 이때부터 이탈리아 영화의 역사가 시작되었다. 이탈리아 초기 영화들은 처음에는 일반적인 초기 영화와 크게 다르지 않은 형태로서 현실에서 일어나는 장면들을 영상으로 그대로 옮기는 것이었다. 하지만 20세기 초반에 토리노와 로마, 밀라노, 나폴리에서 영화 제작사가 속속들이 등장하면서 극영화와 장편 영화 제작이 시도되었다. 대표적으로 로마의 시네스(Cines) 영화사, 그리고 토리노에서 암브로시오(Ambrosio) 영화사와 이탈라(Itala) 영화사가 설립되고 몇 년 지나지 않아 프랑스의 영화 산업과 어느 정도 비슷한 규모의 수준에 이르렀다.

이탈리아는 일찍이 영화가 하나의 새로운 예술 형태로서 인정받았던 나라였다. 다른 유럽 국가들보다 상영이 빠르게 확산되면서 순회 장터나 일시적인 장소에서 상영하는 데 덜 의존하였고 그 대신에 상대적으로 많은 상설 극장이 문을 열었다. 이로 인해 이탈리아 제작자들은 상설 영화 극장의 수요와 관객의 요구에 부응하기 위하여 세계에서 최초로 한 개 릴(15분) 이상의 영화를 지속적으로 만들어낸 사람들이었다. 더 길어진 상영 시간은 한층 더 깊어지고 서사적인 이야기 전개를 요구했다.

그리하여 이탈리아의 역사와 예술, 문학에 뿌리를 두고 있으며 이탈리아의 풍경을 녹여내는 장면들이 영화에 등장하기 시작했다. 이탈리아 중에서도 특히 나폴리를 비롯한 지중해연안 남부의 아름다운 경치와 감미로운 음악이 담긴 작품들이 이탈리아 남부 지역을 비롯한 외국에까지 명성을 떨쳤으며, 영화 제작에 대한 투자도 확대되었다.

1908년에 암브로시오사가 동명의 역사소설을 각색한 〈폼페이 최후의 날(Ultimi giorni di Pompeii Gli, The Last days of Pompeii)〉(1913)은 최초의 이탈리아 영화들 중에서 관객의 주목을 가장 많이 받았던 작품이다. 사상 유례가 없었던 이 영화의 국제적인 인기 덕분에 이탈리아 영화는 장엄한 역사 스펙터클 영화로 인식되었다. 이어서 〈쿼바디스(Quo Vadis)〉(1913), 〈카비리아(Cabiria)〉(1914) 등이 엄청난 히트를 기록하면서 화려한 역사물이 이탈리아의 주요 장르로 등극하였고, 번창해나가는 이탈리아의 영화 산업은 1910년대 전반에 이르러 황금기를 누렸다.

〈카비리아〉는 기원전 3세기를 배경으로 서사시적인 드라마가 이탈리아와 카르타고의 포에니 전쟁을 배경으로 펼쳐진다. 로마 제국의 귀족 가문에서 태어난 아름다운 소녀 카비리아는 전쟁 포로가 되어 카르타고에 노예로 끌려가지만, 이탈리아의 풀비우스 제독과 그의 충실한 노예이자 천하 제일의 장사 마치스떼의 도움으로 오랜 노예 생활로부터 탈출하여 고국인 로마의 품으로 돌아온다는 내용을 담고 있다. 한니발의 알프스 횡단과 시라큐스 도시에 대한 공격이 그 내용으로, 완벽한 세트를 위하여 석고모형이나 거대한 건축물이 사용되었으며 대규모의 엑스트라와 장비가 동원되었다.

무성 영화의 절정을 상징하는 〈카비리아〉는 당시 제작할 수 있는 화려한 영상미의 극치를 보여주었다. 이러한 영화적 야심은 무엇보다도 문학적 취향과 웅장한 건축적 장치를 통해 드러났다. 〈카비리아〉의 장엄한 드라마는 단눈치오(Gabriele D'Annunzio)가 각본을 썼다. 저명한 문인이었던 그는 당시 이탈리아 문학계에 일고 있었던 '데카당트' 운동(Decadent movement)을 이끌고 있었다. 심미적이고 관능으로 가득 찬 데카당트 문학운동의 영향은 영화에서도 이러한 문학적 취향으로 충만한 대본으로 드러났다. 배우들의 연기가 정열적이고 과도한 움직임으로 연출되었으며 여주인공들의 아름다움, 그리고 때로는 절망적인 파국으로 치닫는 죽음까지도 예찬의 대상이 되었다. 당시로서는 드물게도 영화 포스터에 단눈치오의 이름이 제목 바로 아래에 표기되기까지 했으니, 그가 각본가로 참여했다는 사실만으로도 대중에게 영향을 미칠 수 있었던 초기 이탈리아 영화에서 문학이 차지하는 비중을 엿볼 수 있다.

　당시 주요 문인들이 대부분 영화 산업에 직간접적으로 참여하고 있었던 만큼, 영화와 문학의 관계는 긴밀하고도 서로 공생하는 관계에 있었다. 비단 단눈치오뿐 아니라 이탈리아 영화계는 이미 문인들과 여배우가 스캔들을 일으키는 것이 뉴스가 되었고 일찍이 스타 시스템이 발달한 상태였다. 이 와중에 루이지 피란델로(Luigi Pirandello)와 같은 작가들은 영화를 자신의 문학 작품에 영감을 주는 원천으로 추구하고 있었다. 이탈리아 영화는 그 태생에서부터 문학 작품을 시나리오로 각색하여, 예술적이고 스펙터클한 영상을 입혀내는 이른바 '예술 산업'으로서의 기반을 다지고 있었던 것이다.

　〈카비리아〉는 무엇보다도 유장한 장면미가 넘치는 영화였다. 이는 장면 전체에 걸쳐 카메라가 길게 움직이는 트래킹 숏을 반복적으로 구사하고 있었던 것에 기인한다. 예를 들어 정적인 장면에서 동작으로 넘어가거나 그 동작으로부터 벗어나는 데 쓰인 혁신적으로 느린 트래킹 숏은 특히나 영화 초기의 관객들에게는 대단히 신기하고도 정교한 장면들로 다가왔을 것이다. 영화가 연극과는 달리 카메라의 움직임을 통해 효과를 창조해낼 수 있다는 것은 하나의 발명이었다. 뤼미에르의 영화에서처럼 제작자들은 풍경 영화에서 가끔씩 카메라를 움직여 좀 더 넓은 시야를 확보하기도 했고, 초기 서사 영화에서도 그리피스 같은 감독은 〈시골 의사(The Country Doctor)〉(1909)를 시골 풍경을 가로질러 가는 이동 숏으로 시작하고 끝마친다. 그러나 〈카비리아〉에 이르러 트래킹 숏은 더욱 강렬해졌으며 이러한

〈카비리아〉의 1914년도 포스터.
각본가로서의 단눈치오의 이름이 제목 아래에 들어가도록 제작되었다.

식의 카메라 움직임은 이후의 영화들에서 흔한 기법이 되었다.

　그러나 이탈리아의 모든 초기 영화들이 역사극이었던 것은 아니다. 현대극인 〈아순타 스피나(Assunta Spina)〉(1915)는 일상의 현실을 노동자 계층의 눈으로 담아낸 영화였다. 나폴리에 사는 아순타는 세탁부로 일하면서 미켈과 사랑하는 사이이다. 어느 날 질투에 눈이 먼 미켈이 그녀에게 폭력을 행사하고 감옥에 가게 되지만 곧 석방된다. 하지만 감옥에서 나온 미켈은 곧 아순타가 그를 구하기 위해 법관과 내연의 관계를 맺었음을 알게 되고 살인을 저지른다. 결국 아순타는 미켈이 저지른 살인을 자신의 것으로 주장하고, 영화는 그녀가 경찰에 자진해서 끌려가는 비극으로 끝이 난다.

　멜로드라마인 〈아순타 스피나〉는 미학적으로는 사실주의를 추구하는 영화였다. 과거보다는 현재를 배경으로 줄거리는 인과관계가 확실한 것이었다. 아순타가 처한 곤경은 힘든 현실을 살아야 했던 서민의 모습을 사실 그대로 대변하고 있었고 관객들은 당대의 현실에 설득력 있게 공감할 수 있었다. 사실주의적인 특징은 현실적인 세트, 로케이션 촬영, 일상성의 소재 그리고 인물들의 사실적 연기에서 두드러졌다. 이는 〈카비리아〉로 대변되는 감정의 과잉상태에서 다소 장황한 줄거리를 가지는 스펙터클 역사 영화와는 정반대의 것이었다.

　특히 아름다운 여배우 프란체스카 베르티니(Francesca Bertini)의 자연스러운 연기가 주목을 받았다. 당대의 다른 여배우들과는 확연히 구별되는 베르티니의 사실적 연기는 주인공 아순타를 현실에 뿌리내리고 있는, 살아 있는 인물로 형상화했다. 영화의 제작에도 참여했

사실주의 멜로드라마의 효시가 되었던 〈아순타 스피나〉의 포스터(왼쪽)와 한 장면(오른쪽).
이 실내 촬영 장면은 전경에 쓰러져 있는 법관, 궁지에 몰린 아순타와 심문을 하는 경찰들의 풀 쇼
트, 그리고 후경의 창문너머로 몰려드는 군중들 등, 초기 영화로는 매우 세련된 장면화를 보여준다.
일상적이고 사실적인 세팅과 더불어 아순타 역을 맡은 프란체스카 베르티니의 자연스러운 연기가
돋보인다. 이 영화에 주연과 제작을 맡았던 베르티니는 이후 이탈리아의 대표적인 디바 여배우로 성
장했다.

던 베르티니는 초기 영화의 배우들이 카메라를 똑바로 응시하면서 연기하는 스타일이 연극적이고 부자연스럽다고 생각했던 최초의 선구적인 '스타' 배우였다. 베르티니는 의식적으로 카메라를 보지 않아야 한다고 판단하고 이를 연기를 통해 펼쳐 보였다. 일상적인 몸짓, 자연스러운 시선 처리 등 그녀의 연기 스타일은 오늘날의 관객의 눈으로 보아도 어색하지 않을 정도로 영화의 리얼리즘을 돋보이게 해준다.

이렇듯 초기 이탈리아 영화는 크게 보아서 스펙터클 역사 영화와 사실주의적 멜로드라마 등의 두 가지로 구성된 핵심 계보를 이어가고 있었다. 이 두 가지는 늘 대조되어왔다. 스펙터클 역사물이 화려한 영상미와 귀족적인 웅장함 안에서 관객을 압도하는 측면이 있다면, 사실주의 드라마는 거칠고 투박한 일상적 장면의 재현을 통해 현실의 시대정신을 바라보게 만든다. 이 두 가지 영화에 대한 서로 다른 접근은 이후의 영화사에서 평행선을 그으며 발전하게 된다는 데 주목해보아야 한다. 전자가 1950년대와 1960년대의 이탈리아 사극의 유행을 거치며 오늘날 국제적으로 제작되는 〈글래디에이터 (Gladiator)〉(2000)나 〈트로이(Troy)〉(2004) 같은 대작들을 낳았다고 본다면, 후자는 말할 것도 없이 이탈리아 영화가 세계 영화사에 던져준 가장 위대한 전통의 하나로 꼽히는 네오 리얼리즘 영화들의 효시가 되었다고 볼 수 있다.

■

미국 할리우드 영화 VS 유럽 영화

한편 미국은 영화의 탄생과 발전의 계보를 달리하면서 유럽과는 구별되는 영화 시스템을 구축하여나갔다. 이를 가능케 한 것은 1차 세계대전이었다. 전쟁의 발발은 프랑스 영화사들이 축소되는 결과를 유발했고, 프랑스는 세계 시장에서 선두적 위치를 잃게 된다. 필름 공장이 군수품 제조로 돌아섰고 스튜디오들은 병영으로 바뀌는 상황에서 영화 제작이 불가능하게 되었다. 뿐만 아니라 이탈리아도 비슷한 문제에 직면했다. 이들 유럽의 영화계는 점차 제작을 재개했지만 전쟁 전 규모로는 돌아가지 못했다. 이로 인해 세계 시장으로 뻗어나갈 기회를 넘겨받은 것은 성장해가는 미국의 영화 산업이었다. 미국 영화는 영화 배급을 해외로 확대해나가는 한편, 세련된 편집, 다양한 연기 스타일을 갖춘 스타 배우, 고전적 서사를 앞세우며 세계 시장에 끼어들었다.

전쟁이 끝날 무렵, 미국 영화는 영화제작에 있어서 표준이 되는 하나의 시스템을 만들어내기에 이른다. 이 시스템은 할리우드 고전주의 영화로 불리게 되었다. 할리우드 고전주의 시대로 돌입하면서 영화는 초기 영화들에서 탈피하여 점차 서사적인 이야기를 담아내기 시작했다. 확실하게 이야기를 전달하기 위해 영화 테크닉을 접목시키는 할리우드 양식은 인기를 얻으며 대중적 호소력을 힘에 업고 영화를 주도하게 되었다. 그리피스의 장편 영화였던 〈국가의 탄생(The

Brith of a Nation)〉(1915)에 이르러 영화 편집은 미묘하고 복잡해졌으며 연기 스타일은 다양해졌고 감독들은 롱테이크와 현실적인 무대장치, 카메라의 움직임을 개발했다. 이렇게 하여 오늘날의 많은 영화 관례가 만들어졌다. 오히려 다른 유럽 국가들이 할리우드가 만들어낸 관습에서 벗어나기 위해, 즉 할리우드와 구별되는 영화를 생산하기 위해 노력을 경주해야 하는 상황에 처하게 되었다.

이러한 유럽과 미국의 독자적인 노선이 이후 유럽 영화와 할리우드 영화라고 하는 세계 영화의 두 축으로 형성되어왔음은 주지의 사실이다. 세계 영화사의 대부분은 할리우드의 지배와 이에 맞서려는 다양한 민족 산업들의 몸부림과 관련이 있다. 1916년 무렵에 미국은 세계 시장의 주요 영화 공급원이 되었고 이후 그 위치를 지켜오고 있다.

할리우드의 스튜디오는 마치 조립라인에서 만들어진 것처럼 표준화된 방식으로 대중의 기호에 맞춰 영화를 대량생산해왔기 때문에 종종 공장이라고 불려왔다. 물론 이런 묘사는 부분적으로만 사실일 뿐이다. 영화는 모두 다르며 제작 과정과 실행 방법까지 계량화되기에는 연출에서 편집, 연기 등의 변수가 많으며 창작자의 기호나 개성이 들어갈 여지가 여전히 많은 매체이다. 그러나 할리우드 스튜디오는 영화의 제작 방법의 효율성에 있어서만큼은 공장의 조립라인에 버금가는 '시스템'을 자랑한다. 먼저 영화를 만드는 감독과 제작을 총괄하는 제작자의 구분이 분명하고, 시스템의 힘에 의해 일정한 품질의 영화를 지속적으로 생산하는 구조이다. 특별히 뛰어난 작품성의 영화가 나올 확률이 반드시 높다고 보긴 힘들지만 평균 이하의 작품을 만들어 손해를 볼 가능성도 줄이는 구조인 것이다. 보다 더 많은 관객에게 보여지기 위해서는 기존 작품의 흥행 요인으로 보이는 부분을 반복하면서 관습이 형성되었고, 관객의 선호가 입증된 고전적 편집과 연출은 확고하게 할리우드 스타일로 굳어졌다.

한편, 이러한 할리우드의 고전적 관습이 세계인의 영화에 대한 입맛을 표준화하는 것에 맞서는 대안으로서의 영화들이 1차 세계대전 이후에 유럽에서 등장했다. 주로 프랑스에서 일어난 인상주의 운동, 독일의 표현주의, 그리고 소비에트의 몽타주 운동이 그것이다. 이 세 가지 운동은 할리우드 영화의 지배력에 맞선 유럽 영화의 반발이라는 맥락에서 발생하여 서로 다른 방향과 속도로 영화의 흐름을 바꿔 놓았다.

이 시기 유럽 영화사의 첫 흐름으로 나타난 독일 표현주의는 그때까지 현실의 재현에 치중해왔던 영화 양식과는 달리 왜곡과 과장을 통해 내면세계의 시각화를 보여줌으로써 세계영화사에 하나의 중요한 이정표를 세웠다. 〈칼리가리 박사의 밀실(Das Cabinet des Dr.Caligari, The Cabinet of Dr.Caligari)〉(1920)로 시작된 표현주의 영화는 영화가 인간 내면의 무의식이나 심층 심리를 반영하거나, 일종의 꿈과 신화가 뒤섞인 것이라고 생각하였다. 이를 표현하기 위해 보편적인 영화형식과 표현들을 거부하며 이미지의 변형과 화면의 조형적 구성으로 의미를 전달하려 하였다.

러시아에서는 쿨레쇼프(Lev Kuleshov)로부터 에이젠슈타인(Sergei Eisenstein)에 이르는 이른바 몽타주 학파를 중심으로 미국영화의 매끄

러운 편집양식을 거부하기 시작했다. 그전까지 편집이란 영화의 순서를 논리적으로 연결하여 관객으로 하여금 영화의 사건이나 이야기를 경제적으로 따라가게 하는 것이었다. 이에 반해 몽타주 학파들은 편집이야말로 새로운 개념과 사고를 이끌어낼 수 있는 동력이라고 믿었다. 화면과 화면 사이에 있는 '보이지 않는 그 무엇'이 만들어내는 변증법적 관계가 관객을 고무시키고 영향을 미칠 수 있다는 것을 보여주었다.

같은 시기에 프랑스에서도 미국영화식의 모범답안을 거부하는 새로운 움직임이 형성된다. 루이 델뤽(Louis Delluc)과 그의 동료 장 엡스탱(Jean Epstein)은 영화 예술이 순간적이면서도 영원한 감정 또는 인상을 창조한다고 보았다. 이러한 인상주의 영화운동을 통해 그들이 주창했던 영화의 포토제니(photogénie)론은 이미지로 사람의 영혼과 사물의 본질을 표현할 수 있다는 것이었다. 이처럼 영화에 대한 탐미주의에서 비롯되었다고 볼 수 있는 프랑스 인상주의 영화운동의 시작은 예술로서의 영화의 계보를 만들어내는 데 선구적 역할을 담당한다.

할리우드 영화 〈육체와 악마(Flesh and the Deveil)〉(1926)에서 그레타 가르보(Greta Garbo)는 전형적인 고전주의 영화의 세팅과 조명을 통해 촬영된다. 가르보는 무성 영화 시기에 카메라가 가장 사랑하는 여배우로 간주되었다.

〈칼리가리 박사의 밀실〉은 화면의 왜곡과 과장을 통해 내면세계를 시각화하는 독일 표현주의 영화의 전형을 보여준다.

〈전함 포템킨(Bronenosets Po'tyomkin,The Battleship Potemkin)〉(1925)은 대비되는 이미지들의 상충을 통해 전혀 새로운 의미가 창조된다고 보는 변증법적 몽타주 이론을 실천에 옮긴 영화이다. 러시아 제국 군대가 죄 없는 군중을 학살하는 만행을 묘사한 장면은 이를 통해 강렬한 시각적 효과를 발생시킨다.

장 엡스텡은 〈충실한 마음(Coeur fidèle, Faithful Heart)〉(1923)을 만들 무렵 이미 인상주의 이론과 포토제니(photogénie)에 관한 선구적인 이론가였다. 눈부신 빛의 조화와 여러 시각적 효과들로 이루어진 영상은 시대를 뛰어넘는 아름다움을 보여준다.

■
지중해, '포토제닉' 영화의 탄생지

흔히들 영화는 빛의 예술이라고 한다. 이는 영화를 이루는 중요한 물질의 한 축을 빛이 담당하고 있기 때문이다. 영화가 자신의 가치를 최대한 발현할 수 있는 것은 바로 영화가 다른 매체보다 빛을 더 잘 기록할 수 있고, 그 결과 보다 현실에 가까운 형태와 공간, 그리고 차원을 재현할 수 있을 때 가능하다. 뤼미에르 형제에 의한 영화의 탄생이 지중해의 작열하는 빛으로 인해 완성되었던 것은 우연이 아니었다.

영화의 시대가 도래하면서 지중해는 인간이 만들어낸 그 어떤 도구보다도 완벽한 빛을 선사했을 것이다. 시네마토그래프의 활발한 보급에 힘입어 영화 제작이 세계적으로 퍼져나가는 동안, 뤼미에르 형제의 초기 대표작들 중 상당한 수의 작품이 지중해 연안에 자리 잡은 뤼미에르가의 여름 별장에서 촬영되고 있었다. 이렇게 해서 만들어진 1분 안팎에 달하는 길이의 단편 영화들은 영화사상 첫 번째 가족 영화 혹은 홈무비(home movie)의 시초로 꼽힌다.

지중해는 뜨겁지만 푸르고, 이글거리면서도 맑고 투명하다. 영화 〈태양은 가득히(Le Plein soleil, Purple Noon)〉(1960)라든지, 그리고 이 영화의 리메이크였던 〈리플리(The Talented Mr Ripley)〉(1999)를 보면 잘 드러난다. 아웃사이더의 깊은 우울과 분열이 눈부시게 푸른 지중해를 배경으로 펼쳐지는 명장면들은 고독한 실존의 극치를 보여주는 이미지이다. 영화를 찍기 위해 지중해로 몰려들었던 이들은 뤼미에르 형제뿐만이 아니었다. 흔히 문명의 호수라 불리는 지중해의 기호에 깃든 이미지와 기억은 대체로 〈글래디에이터〉나 〈킹덤 오브 헤븐(Kingdom of Heaven)〉(2005), 혹은 〈트로이〉 같은 역사물을 떠올리기가 쉽다. 지중해에 위치한 청록색 땅과 에메랄드 빛 바다가 뛰어나게 재현되어 마치 낙원처럼 느껴질 정도로 강렬한 인상을 남겼던 영화들의 리스트를 열거하라면 끝이 없을 정도이다.

〈태양은 가득히〉(위)와 〈리플리〉(아래). 욕망의 덫에 걸린 인물들의 내면 풍경이 짙푸른 지중해에서 펼쳐진다.

유럽 문화사에서 영화가 발명되기 이전에 예술의 주류를 이루었던 것은 화가와 작가들이었다. 이들이 지중해로 와서 글을 쓰고 그림을 그리는 것은 이미 서구 지성사에서 하나의 전통으로 각인되어 내려온다. 1823년 영국의 시인 바이런(George Gordon Byron)이 세팔론 섬을 여행하고 나서 '내가 시인이 될 수 있었던 것은 그리스에서 본 그 지중해의 하늘 때문이었다'라고 했을 정도로, 오래전부터 유럽인들 사이에선 예술의 영감을 주는 원천으로서 명성이 있었다. 한편 지중해 남쪽 해변에 자리한 언덕 위 하얀 마을인 시디 부 사이드는 북아프리카의 예술가 촌을 이루고 있다. 시디 부 사이드의 잘 가꾸어진 포근한 지성의 느낌은 이 지역이 수많은 유럽인들이 흘러 들어와 음악과 미술, 문학과 철학을 논하는 장이었던 데에서 기인한다. 앙드레 지드(André Gide), 모파상(Guy de Maupassant), 카뮈(Albert Camus), 클레(Paul Klee), 콜레뜨(Colette), 생텍쥐페리(Antoine de Saint-Exupéry), 드 보부아르(Simone de Beauvoir) 등이 아랍의 민트차를 마시며 예술적 영감을 길어 올리던 곳이다. 이들에게 지중해는 북아프리카라고 하는 신세계로 향하는 관문 그 자체였다.

그런 아름다움에 도취된 사람들과는 달리 이번에는 지중해의 지정학적인 위치로 인해 영화의 시대에는 영화 제작자들이 지중해의 푸른 바다로 몰려들었다. 전 세계적으로 가장 '포토제닉'한 영화의 무대를 선사하는 이 곳은 눈부신 태양 아래 그림 같은 풍경으로 유럽뿐만 아니라 할리우드를 비롯한 세계 영화산업의 가장 각광받는 촬영지 중 하나가 되어왔다. 〈본 아이덴티티(The Bourne

Identity)〉(2002) 같은 블록버스터가 지중해를 가로지르며 촬영되었지만, 유럽 영화에서 지중해의 지형에 기대어 작품성과 대중성을 동시에 잡으려는 영화들 또한 적잖이 있다. 〈지중해(Mediterraneo)〉(1991)나 〈일 포스티노(Il Postino: The Postman)〉(1994)처럼 지중해 해안이라는 지형이 내러티브의 전제가 되거나(〈지중해〉는 지중해의 숨어 있는 섬이라는 지리적 위치로 말미암아 생기는 2차 세계대전의 두 적대국 간 해프닝을 담고 있다), 세계화의 시대에 물질적 풍요와는 상관없다는 듯 흘러가는 이상향적 공간(〈일 포스티노〉)의 제공처가 되기도 한다. 오우삼 감독이 1991년 〈종횡사해(Once a Chief)〉(1991)의 배경을 지중해의 리비에라 해안으로 선택한 것은 우연이 아닐 것이다.

이러한 현상은 미국 영화의 제작자들이 빛을 찾아서 로스엔젤레스 지역의 사막으로 몰려들었던 것과 비견될 만하다. 1910년대 초반 로스엔젤레스는 미국에서 영화 제작의 중심지로 떠오른다. 여기에는 이곳의 화창하고 건조한 날씨 덕분에 일 년 중 대다수가 야외 촬영이 가능하다는 이점이 주요하게 작용했다. 캘리포니아 남부는 바다와 사막, 산, 숲, 절벽 등으로 이루어져 있기에 다양한 배경의 영화들이 이곳을 로케이션 장소로 활용하였다. 이로 인해 서부극은 가장 인기 있는 미국영화 장르 중 하나가 되었고, 할리우드는 고전 영화의 시기 이후로 미국 영화 산업 전체를 상징하게 되었다. 할리우드 지역의 스튜디오들은 거대한 밀실 스튜디오와 많은 부서들을 포함한 대규모 복합 건물로 성장하였다.

반면에 지중해는 영화인들이 꿈꾸는 빛과 로케이션을 갖추고는 있지만 '지중해 영화'라고 할 수 있는 하나의 응집력 있는 제작 패턴이나 제작사를 가지고 있지는 않다. 지중해의 지역 자체가 안고 있는 다양성과 서로 다른 차이의 무늬를 가로지르기에 이 지역은 한 마디로 정의될 수는 없지만, 우리는 지중해를 '영화의 교류지'로 간주해 볼 수 있다. 아프리카를 마주 보고 유럽의 최남단에 있는 알메리아 스튜디오는 한 예가 된다.

알메리아는 일종의 지중해의 할리우드가 되어 스크린에서는 이집트, 데스 밸리, 고비 사막, 나아가 머나먼 은하계의 행성으로 등장하여왔다. 세계에서 가장 많이 촬영된 곳 중 하나인 이곳에서 세르지오 레오네(Sergio Leone)는 클린트 이스트우드(Clint Eastwood)가 출연한 '이름없는 사나이 3부작'[〈황야의 무법자(Per un pugno di dollari, A Fistful of Dollars)〉(1964), 〈속 황야의 무법자(Per qualche dollaro in più, For a Few Dollars More)〉(1965), 〈석양의 무법자(Il buono, il brutte, il cattivo, The Good, the Bad and the Ugly)〉(1966)]에서부터 루카스나 스필버그(스필버그는 〈인디아나 존스-최후의 성전〉을 알메리아에서 찍었다)에게 영감을 줌으로써 70년대의 길을 터주었다. 오우삼, 쿠엔틴 타란티노(Quentin Tarantiono) 등 캘리포니아에 자리 잡은 수십 명의 다른 영화인들이 레오네의 뒤를 따랐다. 그는 또 작곡가 엔니오 모리코네(Ennio Morricone) 등 수많은 재능 있는 전문 기술진이 피어날 수 있게 하였고 그들은 또 스튜디오에 들어가게 되었다. 이 시절의 촬영장에서는 자국어인 스페인어 못지않게 이탈리아어, 프랑스어나 영어가 들리곤 했었던 것이다.

유럽 영화에서도 환영받는 촬영지로서 지중해는 역사가 깊다. 프랑스의 리비에라 해안과 이탈리아의 카프리 바닷가를 배경으로 로제 바딤(Roger Vadim)과 장 뤽 고다르(Jean-Luc Godard)의 영화에 출연했던 브리짓트 바르도(Brigitte Bardot)는 〈그리고 신은 여자를 창조했다(Et Dieu··· créa la femme, And God Created Woman)〉(1956)와 〈사랑과 경멸(Le Mépris, Contempt)〉(1963)에서 낡은 세상의 억압적인 도덕으로부터 보호된 욕망과 관능을 눈부신 지중해 해안을 배경으로 끄집어낸다. 시네마스코프로 촬영된 지중해의 빠져들 듯한 장관은 영화와는 별개로 그 자체만으로도 '시네마틱'한 경험과 영화보기의 즐거움을 선사한다. 그런가 하면 소탈한 낭만의 공간으로 지중해를 재구성하는 〈일 포스티노〉와 지중해를 꿈의 낙원으로 그리는 〈지중해〉 같은 이탈리아 영화들이 있는 반면, 조국의 역사를 거장의 시선으로 성찰하여 지중해를 사색하는 그리스 감독 테오 앙겔로풀로스(Theo Angelopoulos)의 〈영원과 하루(Mia aioniotita kai mia mera, Eternity and a Day)〉(1998)도 지중해의 영화적 지형도에서 빠질 수 없는 주요한 작품이다.

〈그리고 신은 여자를 창조했다〉에서 팜므 파탈로 나오는 브리짓트 바르도의 모습은 관능미의 전시 공간으로서 지중해 이미지를 보여준다.

테오 앙겔로풀로스의 〈영원과 하루〉에서 죽음을 앞둔 노시인은 생전에 충분히 사랑하지 못했던 가족과 친구들의 환영을 지중해로 불러낸다. 지중해를 배경으로 그리스의 역사를 사색하는 거장 감독의 역작이다.

지중해 영화의 가리워진 얼굴 - 아랍 영화, 이집트를 위주로 번성하다

우리는 지금까지 서구 유럽이 근대의 태동과 함께 영화에 관심을 가지게 된 배경을 살펴보았다. 이와 함께 영화가 어떻게 탄생하고 발전해왔는가를 살펴보았다. 지금부터는 조금 다른 이야기를 할 것이다.

영화의 첫 상영이 유럽에서 이루어지고 나서 불과 몇 달이 지난 이듬해인 1896년, 뤼미에르 형제의 영화들은 지중해를 건너 이집트에 도착했다. 알렉산드리아와 카이로 등 이집트의 주요 도시에서 먼저 상영되었던 최초의 영화들은 곧 알제리에서도 첫 상영회를 가졌다. 이듬해인 1897년에는 튀니지와 모로코에서 첫 영화 상영이 이루어졌고, 1900년에 이르면 예루살렘의 유로파 호텔에서 영화의 정기 상영이 이루어질 정도였다. 이미 뤼미에르의 시네마토그라프가 만들어진 직후에 이 기구는 이집트에서 받아들여졌고, 알제리와 튀니지, 모로코 등 전역으로 퍼져나갔다.

아랍의 땅은 시네필들에게 생각만큼 그리 낯설지 않은 지역이다. 예로서 모로코를 들 수 있다. 영화사 초기부터 식민지 열강들에게 이국적인 풍광을 제공하는 촬영지로 명성 높았던 이 곳은 〈카사블랑카 (Casablanca)〉(1942)에서 험프리 보가트(Humphrey Bogart)와 잉그리드 버그만(Ingrid Bergman)의 연애담이 펼쳐지는 무대였으며, 오손 웰스(Orson Welles)의 〈오델로(Othello)〉(1952)와 데이비드 린(David Lean)의 〈아라비아의 로렌스(Lawrence of Arabia)〉(1962), 피에르 파올로 파졸리니(Pier

Paolo Pasolini)의 〈오이디푸스 왕(Edipo Re, Oedipus Rex)〉(1967)이 촬영된 곳이기도 하다. 하지만 모로코인들 스스로의 힘으로 자기재현이 가능하기까지는 적지 않은 시간이 필요했던 것이 사실이다. 비단 이러한 현상이 모로코에만 국한된 것은 아니다. 예를 들면 알제리는 1933년에 이르러 150개의 극장을 보유한 나라였지만, 1962년에 독립을 이루기 전까지는 단 한 편의 자국 영화도 제작하지 못했다. 이러한 상황은 식민지 경험을 공유하는 아랍권 영화에서 볼 수 있는 공통된 사실이기도 하다.

오직 이집트만이 자체적으로 초기부터 영화를 만들어냈던 유일한 아랍 국가였다. 이집트에서 만들어진 영화들은 초기에는 유럽 영화사들과의 합작 영화인 경우가 대부분이었다. 1차 세계대전이 벌어지던 시기에 이탈리아 영화제작자들이 알렉산드리아로 건너와 영화사를 설립하고 이집트의 영화 수요에 대한 잠재적 시장을 공략하려 했지만, 아랍 문화에 대한 이해가 부족하였던 탓 등으로 인해 잘 성사되지는 못했다. 예를 들어 유럽 제작자들은 영화를 만들면서 코란의 경전이 나오는 장면에서 아랍어를 거꾸로 표기한 채 보여주어 이집트 당국으로부터 상영을 금지당하기도 했다.

1920년대에 이집트에서 〈레일라(Layla)〉(1927)와 〈사막의 키스(Kubla fil Sahara, A Kiss in the desert)〉(1928) 등이 제작되면서 본격적인 이집트 영화의 역사가 시작되었다. 1922년에 공식적으로 영국의 지배로부터 독립한 이집트는 외세의 자본에 대항하는 민족주의 정책의 일환으로 기간 산업의 국유화를 광범위하게 추진해나갔다. 1935년

모로코는 시네필들에게 〈카사블랑카〉(위쪽)의 촬영지로 알려져 있지만 모로코
인들 스스로 자기 재현이 가능하기까지는 적지 않은 시간이 필요했다. 반면에 이
집트는 초기부터 영화를 만들어냈던 유일한 아랍 국가였다. 사진은 이집트 영화
〈사랑과 복수〉(아래쪽)의 한 장면.

에 설립된 미스르 스튜디오(Misr Studio)는 국가 주도하에 수년간에 걸쳐 공사를 하고, 영화 기술자의 유럽 수련과 기술 연마 등을 거쳐서 탄생하게 된 영화 산업의 중심지였다. 이집트 민족주의자 재벌이었던 탈라트 하릅(Talaat Harb) 소유의 미스르 은행(Misr bank)이 전폭적으로 투자하여 실질적으로 부재나 다름없던 영화의 토대 위에 하나의 새로운 영화계를 탄생시킨 셈이었다. 당시에 자국의 민족 영화를 태동시키고 싶어 했던 아랍권의 나라들은 이를 하나의 모델로 받아들이기까지 했다.

대표적으로 레바논이 이집트 모델을 따라 발전한 경우였다. 아랍 지역에서 가장 자유롭고 개방적인 문화적 분위기를 갖고 있는 레바논의 영화는 이집트 영화와 어깨를 나란히 하며 1950년대와 1960년대를 풍미한 범아랍영화(Pan-Arab cinema) 황금기의 중심에 있었다. 범아랍영화는 민족주의 시대의 멜로드라마 영화를 말한다. 그것은 이집트의 수도 카이로, 레바논의 수도 베이루트, 시리아의 수도 다마스쿠스 등 다양한 아랍 도시에서 로케이션 촬영을 하는 플롯을 가지고 있으며, 이집트, 레바논, 시리아 그리고 다른 아랍 국가의 스타들이 출연하는 영화였다. 합작 영화 및 배우와 감독들을 공유하는 등 레바논 내전의 발발로 인해 쇠퇴하기 이전까지는 황금기를 공유하며 구가하였다. 이후 레바논은 1975년부터 1990년까지 15년간 내전이 지속되고, 그 후 남쪽 국경에서 이스라엘과의 대립 등 정치적 혼란이 계속되면서 레바논의 상당수 예술가들과 지식인들이 나라를 떠났다. 이러한 이주 현상은 여전히 오늘날 레바논 영화의 특징이다.

한편 1940년대에서 1970년대까지 카이로는 '아랍 영화의 할리우드'로 통했다. 한 해에 50편 정도의 영화를 만들어냈으며, 당시의 스타들은 2억에 달하는 아랍권 관객을 매혹시켰다. 바야흐로 이집트 영화계는 황금기를 맞이하고 있었던 것이다. 영화사가인 조르주 사둘(George Sadoul)은 "1942년부터 몇몇 아랍국가에서 미국이나 유럽영화들은 일주일 이상 간판을 유지하지도 못한 반면에 이집트영화 개봉작들은 수개월 동안 상영되기도 했다. 그리고 고대 이집트어의 독특한 형식의 영화 속 아랍어는 젊은 세대들이 그 억양, 표현방식, 속어까지 따라하도록 만들었다"라고 서술하고 있다. 1952년 카이로는 세계 4위의 영화수출 도시였다. 심지어 파리에 전용 상영관들을 두고 있었을 정도였고 덕분에 이민자들은 그들이 좋아하는 스타들의 모험담을 쫓아가며 즐길 수 있었다.

미스르 스튜디오의 뒤를 이어 자국 영화사들이 설립되면서, 이미 영화 산업은 2차 세계대전이 끝날 무렵에는 섬유 산업에 이어 이집트에서 두 번째로 막대한 이윤을 남기는 산업이 되어 있었다. 〈미이라(al-Mumya', The Mummy)〉(1969), 〈사랑과 복수(Gharam wa intiqam, Love and revenge)〉(1944), 〈숙녀와 꼭두각시(Laabet el sitt, Lebet El-Set , The Lady's puppet)〉(1946), 〈우리 최고의 날들(Ayamna El-Helwa, Our best days)〉(1955), 〈결단(Al-Azeema, Determination 또는 The Will)〉(1939) 등이 주요 작품으로 관객의 호응을 받았고, 〈십계(The Ten Commandments)〉(1956), 〈시저와 클레오파트라(Cesar and Cleopatra)〉(1945), 〈왕들의 계곡(The Valley Of the Kings)〉(1954) 등 해외 프로덕션의 대작 영화들이 다양한 시기에 미스

르 스튜디오를 거쳐갔다.

　이집트 영화의 주된 장르는 뮤지컬이었다. 코미디, 탐정물 또는 멜로드라마 등의 주요 장르에서 적어도 네 곡의 노래와 춤추는 장면을 포함하고 있었다. 브로드웨이의 무대에 견줄 만한 호화로운 장식과 배경의 무희들, 화려한 볼거리인 계단, 샴페인 잔들로 쌓아 올린 분수, 반짝이는 드레스 등을 영화 속에서 볼 수 있다. 이집트는 당시 맥락에서 그들만의 춤과 노래로 특수성을 간직하며 스스로를 풍요롭게 할 수 있다는 것을 관객에게 보여주면서, 이집트 영화는 서구화에 관한 하나의 답을 제공했다.

사미아 가말(Samia Gamal),
이집트 영화의 뮤지컬 스타
(위)와 세계적인 이집트 출
신 배우 오마 샤리프(Omar
Sharif)(아래)

이집트는 아랍의 다른 나라들과 마찬가지로 영화 수입과 배급, 제작의 국유화가 이루어졌다. 이는 세네갈, 알제리, 튀니지 등 북아프리카 영화들에서 공통된 계보를 형성하는데, 이들은 1970년에 30여 개 국가들의 연합인 범아프리카영화협회(Federation Pan-Africaine des Cinéastes, FEPACI)를 창립했다. 1980년에 유엔은 아프리카 영화의 보급을 지원하기 위해 대륙 전체의 배급망인 CIDC(Consortium Interafricain de Distrubution Cinématographique) 설립에 도움을 주었다. 그러다가 튀니지의 카르타고 영화제가 1966년에 시작된 것을 필두로 하여 각종 아랍에 위치한 영화제가 증가하였는데 이는 외국 비평가들이 북아프리카와 중동지역의 부상하는 영화들에 대하여 새로운 경향과 감수성을 발견하게 하는 장이 되어주었다.

영화 산업의 국유화는 이집트 영화의 왕성한 예술적 욕구를 꺾거나 획일화하는 방향으로 가기보다는 할리우드의 독재에 맞서 자국의 영화를 지키겠다는 산업 진흥의 방향으로 흐르는 측면도 있었음을 볼 수 있다. 영화는 여전히 장인정신을 요구하는 예술가적 행위이기도 했고, 상업화된 제작사들은 대중적인 영화를 추구하고 있었다. 한편에서는 이슬람의 대표적인 문화적 산물 가운데 하나로서『천일야화(One Thousand and One Nights 또는 Arabian Nights)』를 떠올리는 감상적이고 불운한 사랑 이야기들이 특유의 장르로 자리 잡았다. 이는 모로코 출신의 소설가 타하르 벤 젤룬(Tahar Ben Jelloun)이 적절히 표현했듯이 이슬람의 예술가들에겐 "거대한 집, 모든 것이 다 가능한 폐허가 된 성"[『실수의 밤(La Nuit De L'ereur)』, 국역 제목은『탕헤르의 여인 지

나』]과 같은 영감의 원천이 되어왔던 것이다. 영화감독들에게도『천
일야화』의 흔적을 찾아보기란 그리 어려운 일이 아니어서 코미디, 소
극, 뮤지컬이 섞여 있는 고유한 장르의 스토리텔링 속에 밸리 댄스
장면이 빠지지 않는 것은 이집트 영화에서 하나의 관습으로 자리 잡
게 되었다.

　최고의 이집트 영화 가운데 하나로 꼽히는 〈미이라(Al-mummia, The
Mummy)〉(1969)는 이런 이슬람적 전통에 기대기보다는 고대 이집트
문명에 대한 송가에 가까웠다. 〈미이라〉는 대대적으로 이집트 피라
미드에 대한 고고학적 발굴이 이루어지던 19세기 말 영국 식민지배
가 시작될 무렵의 풍경을 담아낸다. 어느 고립된 이집트 마을의 실화
에 바탕하고 있는 영화의 이야기는, 어느 날 자신이 속해 있는 부족
이 파라오의 무덤을 도굴하여 미이라를 암시장에 내다 파는 것으로
대대로 생계를 유지해오고 있었음을 알게 되는 젊은 청년 와니스로
부터 시작한다. 불법 도굴에 반대하는 와니스는 부족에 대한 배신자
로 낙인 찍힌 채, 이러한 이집트 문화 유산에 대한 훼손이야말로 신
성모독에 해당한다는 스스로의 신념과, 어차피 버림받은 하층 계급
이 자신들 정체성의 일부인 문화 골동품을 팔아서라도 일말의 득이
라도 보는 것은 당연하다는 부족민들 사이에서 번뇌하며 결정에 이
르지 못한다.

　답을 찾아 헤매는 와니스는 고대 파라오 사원에 적혀 있는 조상
들의 비문 앞에 멈춰 서지만 이것을 읽지는 못한다. 역설적이게도 그
가 조상의 언어를 받아들일 유일한 길은 마을 사람들이 적대시해마

지않는 고고학자들에게 의지하는 것이다. 이를 위해 그는 부족 대대로 굳게 비밀로 내려오는 무덤의 위치로 고고학자들을 안내할 수밖에 없다. 〈미이라〉는 현대 이집트인들과 고대 이집트 문명 사이의 이러한 역설적인 관계를 담아내면서 1920년대와 1930년대에 걸쳐 일어났던 파라오니즘 운동(pharaonism movement)—이슬람화 이전의 과거로 돌아가 이집트를 더 거대한 지중해 문명의 일부로 보고자 하는 이데올로기적 움직임—으로 회귀하려는 의식을 드러내는 작품으로 간주되었다.

감독인 차디 압델살람(Chadi Abdelssalam)은 숭고하고 절제된 미로 채워진 장면화로 이집트 역사를 반추하는 주제의식을 형상화해내어 세계적으로 극찬을 받았다. 영화산업이 국유화된다 해도 영화가 지닌 예술로서의 야심과 의욕이 구현될 수 있음을 보여준 모범적인 작품으로 영화사에 기록된다. 아랍권 영화에서 좀처럼 듣기 힘든 고전 아랍어로 영화의 전 대사를 처리한 것은 압델살람 감독의 대담한 작가성의 발로이기도 했다.

하지만 이러한 압델살람 감독의 영화적 행로는 〈미이라〉를 끝으로 이집트 영화사에서 사라지게 된다. 그가 차기작으로 기획했던 영화는 고대 파라오의 이단자이면서 철학자를 겸했던 아케나튼(Akhenaten)에 관한 것이었다. 이 차기작은 수년간에 걸친 그의 준비 작업과 역사적 고증에 쏟아부었던 노력에도 불구하고 끝내 실현되지 못했다. 이 와중에 이집트 영화산업이 부분적으로 사유화되었고, 1986년 그의 죽음에 이르기까지의 약 20년 동안 제작자를 찾지 못했던 이 거장의 다가오지 않은 영화는 어쩌면 이집트 영화사의 한 획을 그었을 것이라는 가능성만을 남긴 채 영원히 묻혀버렸다.

〈미이라〉(1969)

　오늘날 미디어 속에서 그려지는 아랍 국가의 이미지는 테러리즘, 전쟁 그리고 이슬람 근본주의의 상승으로 요약되지만, 잊혀진 이 영화들은 잃어버린 지중해에 대한 향수를 일깨운다. 특히 황금기의 이집트 영화들은 아랍의 땅이 언제나 베일을 두른 여인들만 있었던 것은 아니라는 사실을 우리에게 상기시켜준다. 할리우드가 매카시즘의 검열로 암흑기를 통과하고 있었고 헤이스 코드의 인종차별주의가 유색 인종 배우들의 출연을 제한했던 시대에, 그리고 유럽 영화가 2차 세계대전의 전화에 휩싸인 채로 다시 회복하기 위해 몸부림치고 있을 때, 이집트 영화는 현란한 즐거움의 영화, 사미아 가말의 관능미가 압도한 시기를 구가했다. 이 영화들을 다시 본다는 것은 어쩌면 그 어떤 문명권의 영화도 영원히 암흑에 머물러 있지는 않는다는 겸허한 교훈을 준다.

■
마그렙 영화의 탄생과 발전

우리에게 마그렙(Maghreb)이라는 아랍의 지명은 낯설게 여겨진다. '마그렙'은 아랍어로 '해가 지는 곳'이라는 의미를 지닌 단어로서, 마그렙 영화는 대표적으로 알제리, 튀니지, 모로코 등에서 만들어진 영화를 지칭한다. 낯선 지역의 문화를 접할 기회를 제공한다는 차원을 넘어, 이 영화들은 우리에게 그동안 거의 알려지지 않았던 황홀한 이미지의 영토가 존재해왔다는 사실을 깨닫게 만든다. 이슬람 문화권에 속한 북아프리카의 영화들이면서도 지중해 북쪽에서 온 프랑스 영화 문화의 영향을 크게 받은 탓에 시네필적 감수성과 영화 형식에 대한 사유를 기반으로 하는 작가영화들도 적지 않다.

역사적으로 보자면 알제리, 튀니지, 모로코 영화로 구성되는 마그렙 영화는 프랑스의 지배를 받았던 나라들의 영화라는 공통 분모를 가진다. 영화의 지형도로 따지자면 지중해 영화에 속하는 것은 물론이거니와 아랍 영화, 북아프리카 영화 그리고 때로는 아프리카 영화의 범주에 들어간다. 하지만 아프리카 영화라고 하면 대개는 사하라 이남 지역을 가리키는 경우가 많으므로 마그렙의 영화는 북아프리카 영화라고 보는 것이 더 타당하다. 나라마다 다양한 방언을 구사하지만 언어적으로 아랍어권 영화에 속한다.

사실 이집트를 제외하면 아랍영화는 세계무대에서 두각을 나타내지 못하고 있다. 상대적으로 식민지 역사의 영향을 덜 받았기에 보다 자유롭게 영화가 발전할 수 있었던 이집트와는 대조적으로, 마그렙 3개국의 영화는 산업으로서의 물적 토대가 빈약하다. 물론 훨씬 보수적이고 종교적 성향이 짙은 탓에 영화 산업이 실질적으로 존재하지 않는 사우디아라비아와 같은 아라비아 반도의 나라들에 비하면, 대부분 지식인으로 이루어진 마그렙의 영화인들은 상대적으로 나은 기반에서 영화를 만드는 편이다. 하지만 이는 반대 급부에서 보자면, 페르시아 문화권에 속하는 이란 영화와도 꽤나 대조를 이룬다. 이란 영화가 보여주는 높은 작품성은 이미 80년대부터 각광을 받으며 왕성한 작품활동으로 영화제나 영화시장에 쉽게 진출하고 있는 압바스 키아로스타미(Abbas Kiarostami)와 모흐센 마흐말바프(Mohsen Makhmalbaf) 같은 세계적인 감독들의 계보를 배출해오고 있는 것이다. 이미 월드시네마의 물살을 타고 전 세계 시장으로 수출되고 있는 이란 영화와, 이에 비해 간간이 이어져오는 마그렙 영화가 대비되는 지점이다. 이로 인해 마그렙 영화를 보는 시각은 자국 내에서는 상영되지 않고 대체로 해외에서 주목받는 몇몇 거장 감독의 역량에 집중되어온 경향이 있다.

마그렙 영화 중에서 가장 먼저 태동했던 것은 튀니지의 영화이다. 알베르 사마마 치클리(Albert Samama Chikly)가 만든 〈조라(Zohra)〉(1922)와 〈카르타고에서 온 소녀(Aïn Al-Gazhal, The Girl from Cartage)〉(1924)가 첫 튀니지 영화들로 간주되며, 이때부터 튀니지 영화의 역사가 시작되었다. 하지만 프랑스 식민지배기 동안 마그렙에서 제작된 영화들은 대부분 지배체제를 공고히 하거나 프랑스에 대

페르시아 문화권에 속하는 이란 영화는 압바스 키아로스타미와 같이 세계적으로 잘 알려진 감독의 계보를 발전시켜왔다. 사진은 키아로스타미의 영화 〈내 친구의 집은 어디인가?(Khane-ye doust kodjast?, Where is the Friend's Home?)〉(1987)의 한 장면.

한 일체감과 충성심을 강조하는 선전 영화, 그리고 교육적 목적의 다큐멘터리 영화가 주를 이루었다. 그러다가 1946년에 스튜디오 아프리카(Studio Africa) 제작사를 설립하면서 튀니지에서 소수의 장편영화들이 만들어지기도 했지만, 1954년 튀니지가 독립하면서 스튜디오 아프리카는 프랑스로 이전하게 되었다.

모로코의 영화는 식민지 시기에 프랑스에 의해 스튜디오 수와시(Studio Souissi)가 설립되면서 일종의 '아랍의 할리우드' 역할을 해줄 것이라는 기대 속에 출발했다. 당시 아랍 영화 시장을 장악하고 있었던 진정한 아랍의 할리우드는 이집트 영화였는데, 이에 대항하기 위하여 전략적으로 모로코에 세워진 스튜디오 수와시에서는 〈메리암에게 보내는 세레나데(Mazafa muhda illa Maryam, Serenade to Maryam)〉(1947), 〈카이로에서 온 구두수선공(iskafi al-Qahira, The Cobbler from Cairo)〉(1947), 〈일곱 번째 문(al-Bab al-sabi, The Seventh Gate)〉(1947) 등이 프랑스 감독에 의해 아랍어로 제작되었다. 하지만 당시에 이미 자체적인 스타 배우들과 인기 감독이 등장해 있었던 이집트 영화가 아랍권에서 누리고 있었던 인기와 물량 공세를 이길 수는 없었다. 2차 세계대전 이후에는 유럽에 의존하던 영화제작의 후반 작업을 위한 기술적인 인프라가 모로코에도 생겨나게 되었지만, 다른 마그렙 나라들과 마찬가지로 1956년에 독립이 되면서 이러한 영화 자본과 시설은 프랑스로 다시 빠져나갔다.

프랑스 지배기 동안에 마그렙 영화는 상당한 수가 제작되었던 것으로 기록된다. 모로코에서는 100여 편이 촬영되었고 알제리는 약

80편, 그리고 튀니지에서는 20여 편이 제작되었다. 그러나 이러한 200여 편에 달하는 식민기 영화에 출연했던 배우들 중에서 단역을 제외하고 조연급 이상을 연기했던 마그렙 출신 배우는 모두 6명에 불과했고, 이 중에서 현지 출신의 내국인 감독이 연출한 영화는 3개국을 통틀어서 9편에 불과했다.

아랍 영화인들이 식민통치 상황에서 주변부에 머무를 수밖에 없었던 점, 그리고 이들의 소외된 위상과 프랑스 자본과 기술력에 대한 영화 산업의 의존도는 마그렙 3개국이 독립을 이룩한 이후에도 자유롭고 주체적인 영화를 펼치는 인프라가 형성되는 데 주요한 걸림돌이 되었다. 하지만 이와 더불어 아랍의 영화사를 이해하는 데 있어서 반드시 고려되어야 할 또 다른 하나의 요인이 있다. 그것은 아랍 문화권에서 통용되는 검열의 제약이다. 아랍 영화의 검열은 나라마다 세속화의 범위나 체제에 따라 다르기 때문에 일반화시키는 데에는 문제점이 따르지만, 1976년 이집트에서 제정된 검열에 관한 법안은 우리가 영화보기의 어디쯤에 아랍 영화의 검열의 수위를 참고하면서 보아야 할지 기준이 되어준다.

"'천국을 믿는' 종교들—예를 들면, 이슬람, 기독교 그리고 유태교—은 비판의 대상이 되어서는 아니 된다. 이단과 주술은 긍정적으로 묘사될 수 없다. 부도덕한 행위와 악행은 정당화되어서는 안 되며 처벌받아야 한다. 사람 몸의 벗은 이미지 또는 성기의 확대된 이미지, 성적 흥분 장면, 알코올 마시는 장면, 마약 흡입 장면 등은 허용되지 않는다. 또한 외설적이거나 고상하지 못한 대사는 금지된다. 결혼의 성스러움, 가족의 가치, 부모 등은 존경받아야 한다. 공포와 폭력이 지나치게 묘사되어서는 안 되며, 사회 문제를 희망이 없게 묘사하고 정신을 어지럽히거나 종교와 계급 그리고 국가의 단일성을 이간시키는 행위는 금지된다."(『아랍 영화(Arab Cinema)』, 비올라 샤픽(Viola Shafik), p.34).

대부분 아랍 국가는 영화의 사전 검열을 제도화하고 있다. 촬영 허가를 받으려면 대본에 대한 사전 검열을 통과해야 하고, 영화를 완성한 후에는 국가 정보부처나 검열 당국의 공식 면허증을 발급받아야 상업적인 상영이 가능하다. 대표적인 금기는 종교, 섹스, 정치의 세 가지 분야에 있다. 이슬람에 대한 비판이나 모독은 엄격히 금지되며, 성적인 행위가 들어가는 장면이나 신체의 노출은 대개 아랍—무슬림의 윤리 코드를 어기는 것으로 간주된다.

그럼에도 불구하고 튀니지에서 성적 표현의 자유로움을 보여주는 영화들이 일부 나온 것은 프랑스나 유럽과의 합작으로서만이 가능했다. 아이러니하게도 유럽 시장은 1970~80년대 이후로 예술적 경향의 진지하고 철학적인 마그렙 영화들이 제작의 어려움과 검열의 제약으로부터 숨통을 틀 수 있는 통로가 되어주었는데, 이러한 현상은 영화인들이 유럽의 제작자와 관객에게서 하나의 대안적인 출구를 모색하고자 했기 때문이다. 대표적으로 평론가 출신으로 영화감독으로 데뷔한 페리드 부게디르(Ferid Boughedir) 감독의 〈테라스의 소년(Halfaouine: Boy of the Terraces)〉(1989)은 아랍권 영화로는 예외적으로

성에 눈뜨는 소년의 시선을 통해 '신비로운' 아랍 여성들의 은밀하고 사적인 공간과 어린 소년의 할례 장면 등을 영상으로 보여주었다. 특히 이 영화는 유명한 터키식 목욕탕 장면들로 대변되는 에로티시즘의 세계를 이국적인 아름다움으로 구현해내어 서구 관객들과 평단의 주목을 받는 데 성공한 작품이었다.

아랍 여성의 에로티시즘을 재현해내는 페리드 부게디르의 〈테라스의 소년〉

한편 정치적 검열은 알제리의 영화사에서 특히 중압감을 드러낸다. 알제리는 1950년대에 일어난 제3세계 국가들의 탈식민지화 흐름 속에서 8년간의 전쟁 끝에 독립을 이루었다. 이러한 알제리에서 영화 매체는 '알제리 독립전쟁으로부터 나왔고 그 전쟁을 위해 싸우는 영화(Algerian cinema was born out of the war of independence and served that war)'로 정의되어왔다. 결과적으로 1962년 독립 이후 알제리는 독립투사(레지스탕스)를 중심으로 한 정부가 구성되었고 영화를 국유화하면서 시네마 무자히드(cinéma moudjahid)라는 영화적 경향이 대두하여 대중적인 장르는 배제되고 영화의 사회적 역할이 우선시되었다. 알제리 해방전쟁의 역사를 찬양하는 시대극이나 사회주의 리얼리즘의 영향을 받아 계급투쟁을 강조하는 작품들이 주로 제작되었다.

정치영화 장르에 있어서 시네마 무자히드 운동은 기념비적인 작품을 탄생시키기도 했다. 이탈리아 출신의 질로 폰테코르보(Gillo Pontecorvo) 감독이 알제리민족해방전선(FLN) 정부로부터 의뢰를 받아 연출했던 〈알제리 전투(La Bataille d'Alger, The Battle of Algiers)〉(1966)이다. 이 영화는 카메라를 든 전사로 불렸던 폰테코르보 감독의 강인한 정치적 신념이 프랑스의 식민통치에 대항한 알제리민족해방전선의 무장독립투쟁이라는 소재를 만나서 형상화된 정치영화의 수작이었다. 프랑스군의 정치적 폭력행위, 그리고 알제리와 프랑스 양측에서 자행되었던 고문과 테러를 다큐멘터리 형식으로 재구성한 영화는 실제 전투가 벌어졌던 장소에서 촬영되었다.

1957년 10월, 알제리민족해방전선 소속의 반군 한 명이 모진 고문

〈알제리 전투〉는 독립전쟁이 낳은 100만 명의 희생자를 알제리 해방투
사로 그려내고자 했던 시네마 무자히드의 전형을 보여주었다.

을 견디지 못해 결국 마지막 지도자 알리의 은신처를 누설하고 만다. 은신처를 포위하고 알리의 비밀 공간에 폭탄을 설치한 이는 프랑스 장교 마티유이다. 알리는 죽기 전 치열했던 지난 3년을 회상한다. 알제리민족해방전선과 프랑스의 격렬한 테러 속에 죄 없는 아랍인 노동자가 프랑스 경찰을 죽인 살인자로 몰리고, 프랑스는 이에 대한 보복으로 아랍인 동네에 폭탄을 투하해 무고한 시민을 죽인다. 이에 알제리도 아랍 여인 세 명을 프랑스 민간인 지역으로 보내 폭탄을 터뜨린다. 결국 프랑스는 공수부대를 파견해 알제리를 쑥대밭으로 만든다. 다시 1957년으로 돌아와 알리는 자신의 은신처에서 결국 항복 대신 죽음을 선택하고, 이는 알제리의 독립을 가져온 민중 봉기의 도화선이 되어 마침내 1962년 알제리는 독립을 맞는다. 제작과 주연을 맡은 사디 야세프(Saadi Yacef)는 실제 알제리 전투의 일등공신이었고, 영화에 참여한 모든 알제리인 보조출연자들은 3년 전 끝난 알제리 전투의 치열함을 몸소 겪은 이들이어서 영화의 사실적인 부분을 자연스럽게 끌어낼 수 있었다.

　다큐멘터리를 넘어서는 〈알제리 전투〉의 울림은 알제리에 대한 영화를 뛰어넘어 압제에 대항하는 인간들의 삶이라는 보편적 주제의 형상화를 통해, 각기 다른 정치적 상황을 겪고 있는 모든 이들에게 적용될 수 있는 우리 시대의 영화가 되어준다. 실제로 다큐멘터리와 극영화 형식을 오가며 촬영된 시네마베리떼[cinéma vérité, 또는 직접영화(direct cinema)라고도 불린다. 어떤 사건을 일어나는 그대로 의도적 간섭 없이 포착하고자 하는 영화의 제작방법]의 모범적인 표본이 된 이 영화는 이후의 영화인들에게 소재의 정치성과 더불어 영화 형식의 정치화라고 하는 영화 미학의 과제를 던져주기도 했다. "카메라를 들고 행동하고 저항하는 지성"으로서의 영화 미학은 이 영화가 영화사에 남긴 유산 중의 하나이다.

시네마 무자히드의 또 다른 대표작으로는 독립 전쟁과 알제리 혁명의 지난한 세월들을 이야기하는 〈오레스 산맥의 바람(Rih al awras, Le vent dans les Aurès, The Winds of the Aures)〉(1966)을 들 수 있다. 식민통치 시기에 가족의 붕괴를 지켜보아야 하는 어머니의 이야기를 통해 혁명전야의 분위기를 그려낸 모하메드 라크다르 하미나(Mohammed Lakhdar-Hamina)는 이 영화로 인해 최초로 해외 영화계에서 주목받는 알제리 출신의 영화인이 되었다. 이후 하미나 감독이 정부로부터 대규모 예산을 투자받아 완성한 〈불의 연대기(Ahdat Sanawouach el-Djamr, Chroniques des annés de braises, Chronicle of the years of ember)〉(1975)는 1939년과 1954년 사이 알제리의 역사를 다루는 대하 역사 드라마였다. 〈마지막 이미지(La Dernière image, Last image)〉(1986)에서도 같은 시기를 배경으로 프랑스인 선생님과 사랑에 빠지는 두 소년의 이야기를 그려냈다.

결과적으로, 영화사에 각인되어 있는 '영화로 역사를 쓴다'는 시대정신을 투사하는 가장 역동적인 아랍권 영화로서 알제리의 시네마 무자히드 영화들을 들 수 있다. 사회적으로 책임 의식을 지니는 영화는 이른바 영화라는 예술매체가 추구하는 보편적 가치이지만, 알제리는 이것을 국가적 프로젝트로 밀어붙였던 드문 예를 보여준다.

갓 독립을 이룩한 신생 국가가 문화적 정체성을 만들어가는 과정에서 영화가 이토록 결정적인 역할을 할 수 있었던 것은 서구—유럽 영화의 개인주의에 대한 대안이 되어준다. 하지만 현실은 시네마 무자히드가 대중에게는 성공적이지 못했다는 것이다. 관객들은 지나치게 설교적이고 교조주의로 흐르는 영화적 실천의 시기에 염증을 느끼게 되었다. 이와 더불어 정부의 부패와 파행적 운영은 1980년대 후반 경제적 위기를 초래했고, 그로 인해 1990년대 종교적 근본주의자들이 득세하게 되면서 내전 기간 동안에 영화는 뒷자리로 물러나게 되었다. 그러한 환경 속에서 이데올로기를 강조하는 영화가 자폐적인 것으로 흐르거나 역사의 물신화로 희석되는 것에 대한 반성의 시기가 다가온 것이다.

알제리 시네마 무자히드의 영화 〈오레스 산맥의 바람〉

〈불의 연대기〉는 알제리 영화로는 최초로 칸영화제에서 황금종려상을 수상했다.

■
이탈리아 영화의 발전-네오 리얼리즘

앞서 살펴본 이탈리아는 초기 영화가 누렸던 화려한 과거에도 불구하고, 2차 세계대전이 끝난 무렵에는 다른 유럽 국가들과 마찬가지로 대부분 폐허상태였다. 유럽 내에서만 3,500만 명이 죽었고 그중 절반 이상이 민간인이었다. 수백만 명의 생존자들도 집을 잃었다. 유럽은 다시 시작해야 했지만 과연 어떤 원칙에 따를 것인가의 고민에 빠져 있었다. 전쟁 기간 중에 영화적 훈련을 받은 새로운 세대의 감독들은 고전적 영화보다는 덜 표준화된 영화에 관심을 가졌다. 게다가 더 넓게는 유럽의 사회적, 지적 삶이 부활하기 시작했다.

이 시대의 가장 중요한 영화 제작경향은 1945년에서 1950년대 사이에 이탈리아에서 등장했던 네오 리얼리즘이었다. 무솔리니 정권의 몰락으로 이탈리아의 영화산업은 조직적인 중심을 잃고 있던 시절이었다. 연합군과 미국의 시장지배가 확고한 상황이었고 대부분의 제작사들은 소규모 회사가 되어갔다. 무솔리니의 파시스트 정권이 쇠퇴하는 동안, 문학과 영화에서 사실주의를 추구하는 경향이 일어났다. 이탈리아가 1945년 봄에 해방되자, 낡은 방침들을 바꾸고 싶어 했던 감독들은 소위 '이탈리아의 봄(Italian Spring)'을 목격할 준비가 되어 있었다. 이렇게 하여 이전의 영화들을 벗어나는 '새로운 사실주의'에 대한 열망이 도래한 것이었다.

이탈리아 백색전화 영화 〈마드므와젤 프라이데이(Teresa Venerdi, Mademoiselle Friday)〉(1941)는 무솔리니 시대, 부르주아 저택에서 벌어지는 연애담을 그리는 영화이다.

네오 리얼리즘의 태동을 알린 루키노 비스콘티의 〈흔들리는 대지(La Terra Trema)〉(1948)는 남부 이탈리아의 어촌 마을의 노동자 계급의 이야기를 다룬다.

네오 리얼리즘 영화들은 왜, 그리고 어떻게 하여, 그렇게 사실적으로 보일 수 있었는가? 우선 이전의 많은 영화들과 대조된다는 점이었다. 이탈리아 영화들은 웅장한 스튜디오 세트로 유럽 전역에 알려져왔다. 무솔리니 시대에 이르러서는 백색전화 영화라는 장르가 유행하고 있었다. 부르주아 저택에서 벌어지는 연애담이 주를 이루는 영화로, 안락한 거실의 백색전화가 눈에 두드러져 붙여진 이름이었다. 백색전화 영화는 궁핍한 대중에게 현실도피의 환상을 채워주는 당시 영화의 상징물이었다. 그러나 파시즘 정부의 치네치타(Cinecitta) 스튜디오는 전쟁 때 심하게 손상되었고 더 이상 영화 프로덕션을 지원해줄 수 없었다.

전후 세대의 감독들은 이런 주류 영화에 반기를 들었다. 로베르토 로셀리니(Roberto Rosselini), 비토리오 데 시카(Vittorio De Sica), 루키노 비스콘티(Luchino Visconti) 등을 위주로 등장한 새로운 감독들은 스튜디오에서 벗어나 거리로 뛰쳐나갔고, 스타 배우들 대신 비전문배우에게 연기를 시켰다. 이들은 현지 촬영을 한 뒤 나중에 대사를 더빙하는 방법으로 작업을 했다. 한마디로 산업체로서의 영화가 부재한 전후의 현실을 오히려 영화의 미학적 창조를 위한 자유의 공간으로 활용했다. '영화적 관습'이란 게 없었던 당시 현실이야말로 네오 리얼리즘 탄생에 결정적 역할을 했던 것이다.

로베르토 로셀리니의 〈로마, 무방비 도시(Roma, Città Aperta, Open City)〉(1945)는 믿을 수 없을 정도의 원시적 제작여건(제작비 부족으로 감독 로셀리니와 여배우 안나 마냐니Anna Magnani의 옷가지를 팔아서 자금

마련을 했다는 것은 유명한 일화이다. 또한 전후 불규칙한 전력공급으로 노출을 일관성 있게 지속시키지 못했던 흔적이 완성된 영화에 고스란히 남은 채 개봉되었다.) 속에서 탄생했지만, 현대영화의 거장인 고다르로부터 "모든 영화는 〈로마, 무방비도시〉로 통한다"로 불렸을 만큼 영화의 현대성이 도래하였음을 알린 주요한 작품으로 각인된다. 1943년에서 1944년 사이의 겨울에 있었던 사건에서 줄거리를 끌어냈다. 주요 등장인물은 로마를 점령하고 있던 독일군과의 전투에서 붙잡히게 되는 레지스탕스 요원들이다. 맨프레디, 그의 친구 프란체스코, 프란체스코의 약혼녀 피나는 결국에 처형을 맞는 신부 돈 피에르토 앞에서 믿음과 자기 희생으로 단결한다.

〈로마, 무방비 도시〉

이 영화는 레지스탕스와 이탈리아의 봄 당시, 잠시나마 일어났던 정치적 연합의 이름 아래 개혁을 요구했던 역사를 마주하고 있다. 현실에 대한 기록으로서 사실주의에 대한 호소와 강조가 중시되었다. 네오 리얼리즘이 탄생한 배경에서 특기할 만한 점은 역사에 대한 비판적 고찰이었다. 감독들은 레지스탕스의 영웅적 행위에서부터 정당의 당파주의, 인플레이션, 전후의 사회상, 가난의 어려움, 실업의 만연함 같은 동시대의 사회문제들을 자신들의 영화에서 조명하기 시작했다.

비토리오 데 시카의 〈자전거 도둑(Ladri di biciclette, The Bicycle Thief)〉(1948)보다 더 생생하게 전후의 고통을 담아낸 네오 리얼리즘 영화는 없을 것이다. 생계가 자전거에 달려 있는 한 노동자 아버지의 이야기는 전후 삶의 잔인한 단면을 그대로 노출시킨 채 보여준다. 리치는 어느 곳에서도 도둑맞은 자신의 자전거를 찾을 수 없고, 로마에서 마주치는 대부분의 사람들은 그의 곤경에 무관심하다. 그는 아들 브루노와 함께 로마 도시를 헤매면서 아무런 소득 없는 헛된 수색을 거듭해야만 한다. 이러한 사회적 비판과 더불어 〈자전거 도둑〉은 리치와 브루노 사이의 관계를 통해 이상적인 아버지는 존재하지 않는다는 것을 날카롭지만 온정을 잃지 않는 시선으로 응시한다.

영화의 절정 부분은 절망에 빠진 리치가 자전거를 훔치려고 할 때이다. 아들인 브루노는 충격을 받고 이를 지켜본다. 그들의 자전거 찾기 과정은 아버지에 대한 환상을 여지없이 깨버리는 것이다. 리치는 체포를 면하게 되지만 이제 아버지의 나약함을 슬프게 받아들인 브루노는 자신의 손을 내밀어 리치의 손을 잡으며 아버지에 대한 사랑을 표현한다. 이 영화의 시나리오 작가인 체사레 자바티니(Cesare Zavattini)는 한 사람의 삶을 90분 동안 단순히 따라다니는 영화를 만들고자 했다. 실제로 90분 동안 노동자 아버지의 느리고 지친 걸음을 따라가고자 했던 〈자전거 도둑〉은 네오 리얼리즘의 시대 정신에 한 걸음 더 다가간 작품으로 간주되었다.

〈자전거 도둑〉

네오 리얼리즘은 이런 일상적인 삶의 아름다움을 다큐멘터리적인 방식으로 보여주고자 했다. 전형적인 네오 리얼리즘 영화란 미리 다듬어지지 않은 즉흥적 구도에서 비전문배우를 기용하여 현지 촬영된 영화를 의미했다. 이야기는 대체로 〈자전거 도둑〉에서 아버지(리치)와 아들(브루노)이 방문한 점술가의 집 근처에서 우연히 도둑을 만나게 되는 것처럼 광범위한 우연성에 의존했다. 이러한 줄거리 전개는 잘 짜여진 사건들로 인과관계에 의해 동기가 결정되는 할리우드 고전영화와 정반대의 지점에 있었다. 바로 일상의 우연한 만남을 반영하는 것이기에 영화는 더 객관적이고 사실적으로 보일 수 있다는 것이다. 이러한 느슨한 줄거리는 특히 영화에서 해결되지 않은 채 끝나버리는 결말에서 정점에 이른다. 〈자전거 도둑〉의 마지막 장면에서 리치와 브루노는 자전거 없이 군중 속을 걸어간다. 이 가족은 앞으로 어떻게 살아갈 것인가? 영화는 우리에게 말해주지 않는다.

〈자전거 도둑〉에서 로마를 가로지르는 리치와 브루노의 걸음걸이라든지, 네오 리얼리즘의 또 다른 전형을 보여준 〈움베르토 D(Umberto D.)〉(1952)에서 명장면으로 꼽히는 부엌일을 시작하는 하녀의 장면들은 기존의 고전 영화에서는 결코 보여주지 않았던 사소한 '일상'과 '일상의 디테일'에 초점을 맞추고 있다. 네오 리얼리즘의 이러한 미학적 장치는 현대 영화의 등장에 영향을 주었다. 현지촬영과 후시녹음, 배우와 비전문배우의 혼합, 우연한 만남과 생략, 열린 결말, 그리고 세세한 일상을 다루는 줄거리 등으로 정의될 수 있는 네오 리얼리즘의 전략들이 이후 오늘날에까지 이르는 영화사에 걸쳐 전 세계의 감독들에 의해 채택되고 발전하게 된다.

오늘날 우리는 흔히 인위적으로 꾸미거나 극적으로 과장하지 않는 성향을 고수하는 영화들, 특별하거나 영웅적이지 않은 보통 사람들의 삶이 지닌 '일상성'을 재발견하게 해주는 영화들을 접하게 된다. 이러한 장르의 영화들은 말하자면 태생적으로 네오 리얼리즘 영화의 성과에 빚지고 있다 해도 과언이 아닐 것이다.

■

이탈리아 모더니즘 영화와 그 이후

역설적이게도 앙드레 바쟁이 네오 리얼리즘을 일컬어 '놀랍고도
멋진 단순성'이라 찬탄해마지않았던 미학적 사실주의에의 추구는 대
중에게 거의 인기가 없었다. 물론 네오 리얼리즘 영화는 전후 파시
즘의 유산을 씻어내고자 하는 욕망에 부응하는 것이었지만, 관객들
은 이내 가난에 찌든 나라에 대한 묘사에 싫증을 느끼게 되었고 이탈
리아가 민주주의와 번영의 길 위에 있다는 것을 입증하고 싶어 했다.
파시즘 치하에 있던 이탈리아가 민주주의로 이행을 겪으면서 이탈리
아 영화들은 대부분 개인의 문제에 중심을 두게 된다. 집단의 투쟁을
묘사함으로써 역사적 순간을 기록하는 대신에, 영화 감독들은 동시
대 삶이 가지는 심리적 영향을 포착하기 위해 중산층과 상류층 인물
들을 탐구했다.

비스콘티의 이른바 '고품격' 예술영화들은 이러한 맥락에서 나온
것이었다. 〈센소(Senso)〉(1954)에서 〈표범(Il gattopardo, The Leopard)〉(1963),
〈루트비히 2세(Ludwig)〉(1972), 〈베니스에서의 죽음(Morte a Venezia, Death in
Venice)〉(1971)에 이르기까지 펼쳐진 비스콘티의 영화들은 화면의 미학
적 아름다움에 찬탄하게 만드는 역사 멜로 드라마들이었다. 네오 리
얼리즘에서 출발했던 비스콘티는 〈센소〉를 계기로 오페라와 탐미주
의로 서서히 관심을 옮겼다. 〈센소〉의 색채, 구도, 카메라 움직임, 의
상, 실내 디자인 등이 화려한 바로크 취향으로 치장돼 있었다면, 후기

로 갈수록 비스콘티는 고독, 쇠락, 죽음이라는 주제에 천착했다. 〈베니스에서의 죽음〉은 말년의 노작곡가 아쉔바하가 콜레라가 창궐하는 베니스에서 마주친 미소년에게 생애 최후의 사랑을 느낀다는 내용을 담고 있다. 여기에서 드러나는 비스콘티의 영화세계는 예술의(혹은 예술가의) 존엄이 미의 비극적 달성에 있다는 숭고한 비극주의에 가까웠고, 이러한 그의 영화에서 일종의 귀족주의적 퇴폐에 대한 실험정신을 보는 것은 어렵지 않았다.

〈표범〉

페데리코 펠리니(Federico Fellini)는 현실에 뿌리를 내린 네오 리얼리즘 영화에서 몽상적인 환상의 세계를 그린 영화에 이르기까지 다양한 영상언어를 구사한 감독이었다. 그는 여배우 줄리에타 마시나(Giulietta Massina, 예술적 동반자이기도 했던 남편 펠리니의 영화 〈길(La

Strada)〉(1954)에서 '젤소미나' 역을 맡아서 연기했다.)와 결혼한 후 로셀리니를 만나면서 시나리오 작가이자 조감독으로 일하게 된다. 〈길(La Strada)〉(1954)에서 인간 구원의 가능성에 초점을 맞추어 네오 리얼리즘의 한계를 극복해낸 감독으로 주목받으며 부상했고, 이어 현대인의 정신적 방황을 그린 〈달콤한 인생(La Dolce Vita)〉(1960)은 로마 상류사회의 타락한 삶을 관찰하는 기자 마르첼로의 이야기가 현실과 환영을 넘나들며 뒤죽박죽으로 흘러가면서 네오 리얼리즘과는 다른 길을 걸어가기 시작했다. 이후로 내면 여행과 무의식의 세계를 그려낸 〈8과 1/2(Otto e mezzo, Eight and a half)〉(1963)에서 이른바 '1인칭 영화'의 장르를 개척해냄으로써 모더니즘의 신기원을 열었다는 평가를 받았다. 내적이고 공상적인 꿈의 세계, 자기-현시 등은 고전적인 논리적 내러티브를 벗어나는 것이었다. 〈8과 1/2〉 이후 '영화에 대한 영화'는 마치 하나의 장르처럼 되어버렸는데, 예술가로서의 감독이 창조적인 아이디어를 잃어버렸을 때 겪는 고통과 두려움을 보여주면서 영화를 만드는 과정을 담은 영화라기보다는 영화가 가야 할 방향을 모색하는 영화에 더 가까웠다.

　미켈란젤로 안토니오니(Michelangelo Antonioni) 영화의 내러티브 구조는 모더니즘 영화의 전형을 보여주는 것이었다. 시작도 끝도 없는 줄거리, 엄격한 인과관계의 부재 그리고 결말을 제시하는 마무리도 없는 〈정사(L'avventura, The Adventure)〉(1960), 〈밤(La note, The Night)〉(1961), 〈일식(L'eclisse, The Eclipse)〉(1962)(국내에서는 〈태양은 외로워〉라는 제목으로도 번역되었다)에서 느슨하게 흘러가는 영화는 인물들의 침묵, 미세한 움직임, 공허한 표정과 방향을 잃은 눈동자 등이 이야기를 끌어가게 내버려둔다. 비어 있는 듯한 화면과 인물, 배경의 관계를 읽으면서 관객은 현대사회의 신경증적 질문들이 던져주는 정서적 위기, 소통의 불가능성, 그리고 실존적 소외 등과 마주하게 되는 것이다.

모더니즘 영화 시대의 서막을 여는 안토니오니의 〈일식〉

알랭 들롱과 모니카 비티가 출연한 〈일식〉은 만나서 사랑을 나누지만 늘 허탈한 심정으로 헤어지는 남녀의 관계를 그린다. 두 사람은 매일 만나던 장소에서 다시 만나기로 하고 헤어지지만 약속된 날 아무도 그 장소에 나타나지 않고 때마침 일식이 시작된다. 안토니오니는 거의 7분 동안 이어지는 다음 장면을 사람이 한 명도 등장하지 않는 수십 개의 화면들로 채워 넣었다. 남자의 직장이자 가장 자본주의적인 공간인 증권경매소의 활기와 소란스러움은 이 끔찍할 정도로 적막한 일식장면에서 권태와 공허감으로 바뀐다. 이러한 탈중심화된 도시 경관과 그 도시로부터 소외되어 있는 정신분열 일보 직전의 부르주아에 대한 안토니오니의 차가운 묘사는 가히 현대영화의 서막을 알리는 것이었다. 지극히 유럽 영화적인 감식안과 기질로 대변되는 그의 영화들이 남겨준 유산은 현대인의 고독한 내면의 풍경을 그리는 수많은 영화인들에게 영감을 주었다.

실제로 네오 리얼리즘 이후 1970년대까지 전성기를 구가했던 이탈리아 영화는 국내외 관객과 평단으로부터 외면받던 침체기에서 벗어나, 1990년대 이후에는 과거 이탈리아 영화의 명성을 회복하려는 움직임으로 전환되었다. 리처드 다이어(Richard Dyer)는 "모든 이탈리아 영화들은 어떻게든지 네오 리얼리즘과 결부된다"고 한 적이 있는데, 이 시절을 배경으로 그려내어 전 세계적으로 성공을 거둔 이탈리아 영화들을 보면 설득력을 가진다.

예를 들면 주세페 토르나토레(Giuseppe Tornatore)는 〈시네마 천국 (Cinema Paradiso)〉(1989)에서 네오 리얼리즘의 원조를 일구어낸 〈흔들리는 대지〉를 작은 마을에서 상영하는 장면을 통해 이탈리아 영화의 전통에 경의를 표했다. 〈일 포스티노〉는 이탈리아 남부의 지중해와 어려운 삶 속에서의 휴머니티라는 주제를 결부시켜 네오 리얼리즘에 대한 향수를 표현하기도 했다. 〈지중해〉와 〈인생은 아름다워(La vita è bella, Life Is Beautiful)〉(1997)는 전쟁의 스펙터클을 이탈리아식 인간주의 틀 안에 녹여낸다. 이 두 영화는 역사적 비극(2차 세계대전과 유대인 학살)을 코미디로 승화해내어 네오 리얼리즘이 지닌 이탈리아 영화의 낙천성을 현대 관객들에게 다시금 느끼게 해준다는 평가를 받았다.

〈시네마 천국〉에서 토토의 천진난만함은 우리가 영화에 대해 느끼는, 무언가를 보고자 하는 순진한 욕망 그 자체를 상징한다(위). 마을 사람들에게 상영되는 영화는 네오 리얼리즘의 서막을 알린 비스콘티의 〈흔들리는 대지〉이다(아래).

〈일 포스티노〉는 어린아이, 자전거, '어려운 삶' 등 네오 리얼리즘에 고정적으로 등장했던 테마들을 사용하고 있다.

〈나의 일기〉(왼쪽)와 〈그레이트 뷰티〉(오른쪽)는 로마에 대한 영화적 찬가를 다루지만 상반된 표현방식을 보여준다. 〈나의 일기〉가 난니 모레티 특유의 담백하면서도 신랄한 로마 여행기를 담아낸다면, 로마로 상징되는 늙어가는 유럽을 배경으로 〈그레이트 뷰티〉는 정신적 쾌락주의와 육체의 노쇠함 사이에서 이끌어내는 일종의 '위대한 아름다움'에 탐닉한다.

코미디는 이탈리아에서 전통적으로 대중적 장르이지만, 난니 모레티(Nanni Moretti)의 데뷔작 〈에체 봄보(Ecce Bombo)〉(1978)는 일종의 무정부주의 코미디였다. 그의 '영화와 에세이'라는 여정을 따라가다 보면 수다와 횡설수설이 난무하는 가운데 좌우 극단주의자들의 정치테러가 빈번하던 70년대 말을 배경으로 좌파 이상주의의 실패와 좌절한 세대의 일상이 일기 쓰듯이 다큐멘터리처럼 펼쳐진다. 이러한 정치 코미디는 〈나의 일기(Caro Diario, Dear Diary)〉(1993)를 발표하면서 세계적인 호평을 얻었다. 베스파(이탈리아의 소형 오토바이), 섬, 의사로 이루어진 세 가지 에피소드 속에 이탈리아인과 이탈리아의 세속성을 비판하고 있는 영화이다. 베스파를 타고 로마로 향하는 즐거운 여정 속에 주인공을 연기하는 모레티가 이름 모를 병에 걸렸다는 공포가 엄습하기도 하고, 1975년 로마 근교에서 습격당해 죽은 파졸리니의 잊혀진 묘비를 찾아가서 반파시즘의 신념 속에 살다 간 그에게 경배를 올린다.

이후 모레티는 1970년대에 시작한 많은 감독들처럼 거대 정치 담론에서 선회하여 우정과 가족을 이야기하는 내밀한 개인주의로 노선을 전환한다. 〈4월(Aprile, April)〉(1998)에서는 새로운 영화를 기획할 때 태어난 자신의 아이를 축복하고, 〈아들의 방(La Stanza del figlio, The Son's Room)〉(2001)은 한 가족이 아들의 죽음을 다루는 과정을 지켜본다. 사랑하는 사람의 죽음을 대사보다는 말과 행동 이면의 정서를 통해 농축하는 절제미가 돋보이는 영화이다. 마지막 장면에서 아들의 여자 친구를 떠나보낸 가족이 서 있는 바닷가 풍경이 '죽음을 다룬 최고의 라스트'라는 평을 받았을 정도로 가족의 일상을 담아낸 온화한 사실주의는 감상을 배제했지만 아름답다.

최근의 이탈리아에서 큰 성공을 거둔 영화는 작가 로베르토 사비아노(Roberto Saviano)의 작품을 영화화한 마테오 가로네(Matteo Garrone) 감독의 〈고모라(Gomorra, Gomorrah)〉(2008)일 것이다. 마피아 세계를 충격적으로 증언하는 원작을 영화화하면서 비평가들의 찬반양론에 시달리기도 했던 영화이다. 한편 로셀리니, 펠리니, 비스콘티, 안토니오니 등 기라성 같은 거장을 배출했던 이탈리아지만, 20세기 후반 들어 침체기를 겪었던 이탈리아 영화계는 한 젊은 감독을 주목하기 시작했다. 파올로 소렌티노(Paolo Sorrentino)는 현재 이탈리아 영화계에서 가장 촉망받는 감독이다. 그는 〈사랑의 결과(Le consequenze dell'amore, The Consequences of Love)〉(2004)를 내놓은 이후로 〈일 디보(Il Divo)〉(2008), 〈가족의 친구(L'amico di famiglia, The Family Friend)〉(2006)와 같은 힘 있는 작품을 연달아 발표해오고 있으며, 소위 이탈리아 거장 영화를 이끌어온 선배 영화인들의 품격을 이어가면서도 이탈리아 모더니즘의 전통을 계승하고 있는 적자이기도 하다. 실제로 그의 영화는 노년, 죽음, 예술이라는 데카당스의 세계관에 집착한다는 점에서 비스콘티를 환기시키지만, 또 한편으로는 삶에 대한 냉소와 조소에도 불구하고 그래도 결국은 삶을 긍정할 수밖에 없는 서글픈 인생에 대한 위로가 담겨 있다는 점에서 펠리니의 영화 세계와도 그리 멀지 않다.

소렌티노 감독의 대표작인 〈그레이트 뷰티(La Grande Bellezza, The

Great Beauty)〉(2013)는 로마로 상징되는 늙어가는 유럽을 배경으로 정신적 쾌락주의와 육체의 노쇠함 사이에서 일종의 '위대한 아름다움'을 이끌어내는 수작이다. 실제로 영화가 그려내는 로마의 모습은 이러한 과장법이 무색하지 않을 정도로 장관이다. 시간을 견뎌온 고즈넉한 로마의 낮 풍경에서 시작하는 영화의 도입부는 어느새 미친 듯이 춤추는 광란의 파티 속으로 들어간다. 하지만 이 흥청거리는 밤의 주인공이자 기자로서 명성을 얻은 젭은 40년 전 쓴 소설을 끝으로 차기작 집필을 하지 못하고 있다. 젭의 창조력이 고갈된 이유는 분명하다. 이후로 그는 더 이상 쓸 만한 가치가 있는 소재를 발견하지 못했기 때문이다. "나는 위대한 아름다움을 찾고 있었다"고 그는 변명한다.

그러나 이 '위대한 아름다움'은 로마 그 자체이기도 하지만, 영화에서 미학적 탐구의 대상이기도 하다. 고즈넉한 유적과 파티의 향연, 낮과 밤, 젊음과 늙음, 삶과 죽음으로 이어지는 대비되는 속성들은 한결같이 로마 사회의 다양한 군상들을 비춘다. 〈그레이트 뷰티〉에서 이런 만화경 같은 세상을 들여다보는 젭의 화려한 인생 편력은 다름 아닌 펠리니의 〈달콤한 인생〉을 연상시킨다. 오래된 미술품과 유적지들을 산책하듯 담아내는 유려한 시선이라든지 특정한 이야기 구조를 갖고 있지 않음에도 자연스럽게 따라갈 수 있는 에피소드식의 구성 등은 두 영화 사이의 닮은 점이다. 1960년대 사회의 정신적 방황을 그린 〈달콤한 인생〉에서 젊은 기자로 나오는 주인공 마르첼로는 상류사회의 성공한 지식인이 자식을 죽이고 자살하는 것을 목격하고는 일종의 정신적 공황상태에 빠진다. 이런 존재론적 불안이 영화의 전혀 달콤하지 않은 결말에 그림자를 드리운다.

50년이 지난 후 〈그레이트 뷰티〉에서 노년에 접어든 젭은 친구의 젊은 아들의 죽음을 지켜보지만 이에 동요되거나 영향을 받기에는 이미 너무 오래 살았다. 65세 생일 파티를 치르는 젭이 순간의 쾌락과 탐미주의에 빠져들듯이, 〈그레이트 뷰티〉는 젊은 세대가 등장하지 않는 영화이다. 이탈리아는 '늙음'이 젊음의 자리를 대신해 파티를 열고 세속의 쾌락을 추구하는 곳이다. 어쩌다 이렇게 되었는가. 이 영화에서 로마의 초상은 청년의 활력 대신 죽음의 적막에 닿아 있으며, 베를루스코니(Silvio Berlusconi) 정권 시절의 이탈리아에 대한 은유로 가득하다. 젭의 세대는 정치적 환멸, 부패, 무능함 등을 경험한 집단이며, 특히 경제 위기로 비롯된 사회적 분위기의 변화는 미래에 대한 희망보다는 바로 지금 여기의 파티에서 눈앞의 아름다운 상대와 즐기는 것에 집착하는 멘탈리티를 부여해왔다. 첫 소설 이후 단 한편의 예술도 생산하지 못했던 젭, 그리고 과거의 영광을 뒤로한 채 피로와 나태함의 시간으로 접어드는 로마. 젭은 늙어가는 도시 로마의 '위대한 아름다움' 속으로 소멸하고자 한다. 영화의 마지막에서 젭의 소원대로 다양한 인간 군상들은 사라진다. 마지막을 장식하는 7분여의 롱테이크는 로마를 관통하는 테베레강의 도도한 흐름을 응시한다. 2천 년이 넘도록 늘 현재로 살아온 로마만이 소유한 시간의 나른함을 여행한다.

프랑스 영화의 발전 – 누벨바그

한편 2차 세계대전으로 타격을 입은 여타의 서유럽 국가들과 마찬가지로 전후의 프랑스는 산업 전반이 피폐해진 상황이었다. 이에 통제경제를 앞세운 드골(Charles de Gaulle)은 집권기 동안에 프랑스의 중요산업과 공공부문을 국유화하고 보편적 복지를 실현하고자 했다. 프랑스가 1945년부터 1975년까지 이른바 '영광의 30년(Les Trente Glorieuses)'이라고 부른 고도성장기를 누릴 수 있었던 것은 전후 복구작업을 주도하면서 경제의 활성화가 자본주의를 재생의 길로 이끌고 있었기에 가능하였다. 이제 사람들은 전쟁 직후의 이상주의나 사회 운동에 대한 관심에서 벗어나고 싶어 했다. 이를 테면 자동차나 바캉스 등으로 대변되는 비정치적인 소비주의와 여가문화에 더 큰 관심을 가지게 되었다.

이 시기의 젊은 세대 감독들은 '새로운 물결'이라는 의미인 누벨바그(Nouvelle Vague)로 불렸으며, 곧 프랑스를 휩쓸게 되었다. 이들은 대부분 전쟁 직후 이탈리아에서 건너온 네오 리얼리즘 영화들에 영향을 받았던 세대였다. 프랑스의 영화전문지 『까이에 뒤 시네마(Cahiers du cinéma)』를 읽고, 앙리 랑글르아(Henri Langlois)가 운영했던 파리의 예술영화전용관인 시네마떼끄 극장에서 정기적으로 모여 전례가 없을 정도로 엄선된 전 세계 영화의 걸작들을 자유롭게 관람하던 세대였다. 하지만 이 열혈 영화광들로 이루어진 무리는 영화 보기만으로는 만족할 수 없었기에 자발적으로 시네-클럽을 결성해 영화모임을 조성하고, 영화에 대한 글을 쓰기 시작하기에 이르렀다. 평론가가 되어 자신들이 탐독했던 『까이에 뒤 시네마』에 등단하여 패기만만한 비평문을 썼던 이들은 머지 않아 감독으로 데뷔하게 된 프랑수아 트뤼포(François Truffaut), 장 뤽 고다르(Jean-Luc Godard), 에릭 로메르(Eric Rohmer), 클로드 샤브롤(Claude Chabrol), 자크 리베트(Jacques Rivette) 등이었다.

누벨바그 세대의 자유분방함에 관한 고다르의 영화 〈국외자들(Bande à part, Band of Outsiders)〉(1964)은 루브르 박물관을 단숨에 내달아 숨 넘치는 자유의 열정을 보여준다(위). 베르나르도 베르톨루치(Bernardo Bertolucci)는 68혁명을 배경으로 한 〈몽상가들(The Dreamers)〉(2003)에서 이와 똑같은 장면을 새로 찍은 뒤 둘을 교차해 보여주기도 했다(아래).

당시 이들을 위주로 한 누벨바그 감독들을 사로잡고 있던 질문은 영화에서 감독과 시나리오 작가 중 과연 누가 진정한 영화의 작가(author, auteur)로 간주되어야 하는가에 관한 것이었다. 특히 유럽 영화 문화에서 특별한 설득력을 지니고 있는 이러한 '작가주의' 논쟁은 1954년에 프랑수아 트뤼포가 「프랑스 영화의 어떤 경향」이라는 기사를 『까이에 뒤 시네마』에 기고하면서 불붙기 시작했다. 이 글에서 트뤼포는 프랑스 영화의 주류를 형성하던 감독들이 관습적이고 기성세대의 가치관을 대변하는 '아버지의 영화(cinéma de papa)'를 만들고 있다며 맹렬히 비난했던 것이다. 그는 전통적으로 시나리오 작가가 대본을 넘겨주고 영화감독이 여기에 단지 연기와 영상을 입혀낼 뿐이라면 그것은 단순한 연출자의 역할에 불과하다고 보았다. 결국 이런 영화는 시나리오 작가의 영화나 다름없다고 비판했고, 이로 인해 기성 영화인들의 분노를 사기도 하였다. 하지만 결과적으로 트뤼포는 작가주의 논쟁이 하나의 이론이 되는 기틀을 마련했다.

트뤼포를 위시한 젊은 비평가들은 여기에서 더 나아가 위대한 영화감독이란 시나리오에 관계없이 그의 삶에 대한 시각을 표현해낼 수 있어야 한다고 주장했다. 감독이 자신이 만든 영화의 작가가 되어 모든 창조적 책임을 총괄해야 한다는 사고방식을 출발시킨 것이다. 감독이야말로 영화의 가치를 만드는 가장 주요한 근원이라는 이러한 입장은 곧 개인적인 스타일이나 독특한 세계관을 가진 영화감독을 작가로 대우하는 이론으로서의 '작가주의 이론'을 제시했다. 장 르누아르(Jean Renoir), 로베르 브레송(Robert Bresson), 장 콕토(Jean

Cocteau), 자크 베케르(Jacques Becker), 아벨 강스(Abel Gance), 막스 오필스(Max Ophüls), 자크 타티(Jacques Tati) 등 프랑스의 비주류 감독들을 작가의 반열에 올리고 경외시하기 시작했고, 할리우드의 B급 영화감독으로 치부되던 하워드 혹스(Howard Howks), 알프레드 히치콕(Alfred Hitchcock), 존 포드(John Ford) 그리고 이탈리아의 로베르토 로셀리니 같은 감독을 대표적인 작가주의 감독의 모델로 삼은 것이다.

이런 작가주의는 영화 이론가 앙드레 바쟁에 의해 '작가의 정치학(La politique des auteurs)'(1957)이라는 용어로 다듬어지면서 하나의 영화 비평 용어로 자리 잡는다. 바쟁을 영화적 아버지로 따르면서 작가주의의 열렬한 지지자들이기도 했던 누벨바그 세대는 감독이 영화 속에서 세계를 개인적인 시각으로 표현해야 한다고 믿었다. 따라서 지극히 내밀한 일상에 주목하기를 즐겼고 사회적 대서사보다는 개인적인 사적 서사를 선호하는 경향이 있었다. '삶을 찍는다'는 네오리얼리즘의 미학을 가져왔지만 누벨바그는 이러한 형식의 변화를 개인의 영역에까지 확대하여, 영웅적인 인물이 아닌 지극히 평범한 이웃 같은 사람들을 등장시키고, 이들이 특별할 것 없는 일상적인 행동들을 하는데 이것이 한 편의 영화가 되는 식이었다.

『까이에 뒤 시네마』의 젊은 영화인들 중에서 가장 먼저 장편영화를 만들어낸 감독은 "첫 영화를 만들 돈을 구할 수만 있다면 감독이 되는 겁니다"라고 회고록에 고백했던 클로드 샤브롤이었다. 그는 부인의 유산을 이용해 1958년 자신의 고향에서 〈미남 세르쥬(Le Beau Serge)〉(1958)를 완성시키는데, 저예산 제작으로 현장 촬영을 추구하고 사회적 비판의식을 견지했다는 점에서 누벨바그의 정신을 실현한 최초의 작품으로 인정받는다. 이후 파리로 건너가서 완성한 〈사촌들 (Les Cousins, The Cousins)〉(1959)은 미묘한 개인의 성격연구, 도덕적 타락에 대해 몰두하는 자신만의 독특한 영화세계를 이루어나간다. 특히 상류 계급 출신의 등장인물들에 대한 날카로운 해부, 인물들 사이의 관계 속에서 지배와 종속을 다루는 어두운 매력 등은 〈착한 여자들 (Les Bonnes femmes, The Good Time Girls)〉(1960) 같은 누벨바그 시기의 다른 영화들뿐 아니라 〈의식(La Cérémonie, A judgement in stone)〉(1995), 〈초콜릿 고마워(Merci pour le chocolat, Nightcap)〉(2000)처럼 누벨바그 시기 이후 독자적인 그만의 계보를 형성한 범죄 스릴러 영화에서 지속적으로 이어져왔다.

누벨바그의 악동으로 불리는 트뤼포는 1959년에 자신의 비평적 담론을 그대로 영화로 옮긴 자전적 영화 〈400번의 구타(Les quatre cents coups, The 400 Blows)〉(1959)를 만들었다. 이 영화는 무엇보다도 개인의 내밀한 세계와 영화세계가 서로 다르지 않으며 교차하고 상호영향을 주고받는다고 하는 '사적 영화'의 전형을 보여주었다. 영화는 반자전적 형식을 취했고 그 안에서 트뤼포는 어린 시절의 기억, 영화광으로서의 인생관, 그리고 영원한 영화의 도시 파리에 대한 애정을 노골적으로 과시하고 있다. 영화는 아름답고 화려한 파리를 보여주지만 지저분하고 오래된 건물 안에 차가운 어머니, 계부와 함께 살면서 학교에서 선생님에게도 환영받지 못하는 앙트완 드와넬[트뤼포의 영화적 분신이었던 배우 장 피에르 레오(Jean-Pierre Leaud)가 연기했다]

누벨바그의 유산을 간직한 클로드 샤브롤의 대표적인 범죄스릴러 영화 〈의식〉

이라는 문제아를 통해 파리의 외부와는 전혀 다른 억압과 가난의 세상을 한눈에 보여준다.

앙트완 드와넬이 트뤼포의 어린 시절을 상상하게 하는 영화적 분신이라는 점은 알려진 대로이다. 미국 영화 〈Fu Manchu〉를 보러 가느라 학교를 결석하고 교사가 추궁하자, "엄마가 죽었어요"라고 내뱉는 자전적인 대사는 유명한 것을 넘어서서 악명이 높았다. 자신을 태어나게 한 엄마를 부정하게 만드는 것이 바로 '영화 보기'였다는 것, 트뤼포 스스로 이러한 영화 보기를 통해 다시 태어난 자신의 영화에 대한 절대적인 애정을 과시하는 대사였지만, 장 피에르 레오에게 이 대사를 마치 '빌어먹을(Merde!)'이라고 욕을 뱉듯이 하라고 주문했던 트뤼포는 이후 이를 계기로 양친과 의절을 해야 했을 정도였다. 하지만 영화가 허구를 만들어내는 것이 아니라 실재하는 삶을 찍어야 한다는 네오 리얼리즘의 태도에 입각한 〈400번의 구타〉는 자잘한 범죄를 저지르던 소년이 결국 소년법원에 붙잡혀 실형을 선고받는 것을 그대로 보여준다. 그가 무작정 탈출을 시도한 뒤, 바닷가의 파도 앞에서 더 이상 도망갈 데가 없을 때, 카메라를 정면으로 바라보는 것으로 영화는 끝난다.

〈400번의 구타〉는 여기서 끝나지만, 이 소년이 소년원 생활을 마치고 나오면 어떻게 될까? 카메라는 트뤼포 감독의 이후의 영화들에서 그곳까지 따라간다. 영화사에 유례가 없는 '앙트완 드와넬' 시리즈가 계속하여 발표되는 것이다. 소년은 소녀를 사랑하고[앙트완과 콜레트(Antoine et Colette, Antoine and Colette)(1962)], 제대 뒤에 애인을

〈400번의 구타〉에서 앙트완은 학교에 가서 "엄마가 죽었다"고 둘러대고 영화관을 배회한다.

〈400번의 구타〉의 앙트완이 17세가 되어 돌아와 〈앙트완과 콜레트〉를 찍고(사진), 그의 이야기는 연애에 몰두하는 〈훔친 키스〉로 이어진다.

〈400번의 구타〉에 나온 어린 자신의 초상화 앞에서 찍은 〈앙트완과 콜레트〉의 자신의 사진 앞에 앉은 〈훔친 키스〉의 앙트완 드와넬(장 피에르 레오). 그는 영화 속 인물이지만 우리처럼 시간과 함께 늙어간다.

다시 만나 와인 창고에서 키스를 훔치고[훔친 키스(Baisers volés, Stolen Kisses)(1968)], 그녀와 결혼한 뒤 일본 여자를 만나 모험을 즐기고[결혼생활(Domicile conjugal, Bed & Board)(1970)], 그리고 결국 이혼하여 혼자 사는 중년[떠나간 사랑(L'Amour en fuite, Love on the run)(1979)]의 작가가 된다. 영화 속의 인물이 우리처럼 시간과 함께 늙어가고 있으며, 영화 속에도 우리와 같은 하나의 세상이 온전히 존재하는 것이라는 트뤼포의 세계관은 그 자체로서 하나의 영화세계를 구축했다. 이후로도 트뤼포는 현란한 카메라 움직임과 자유로운 표현 기법들을 통해 새로운 스타일의 영화를 제시하며, 동시에 인간과 사랑에 대한 세심한 시선을 잃지 않는 영화들을 지속적으로 발표했다.

한편, 미몽에서 깨어난 젊은 파리 지식인들의 동시대적인 분위기를 고찰하는 것은 누벨바그의 영화인들이 떠안고 있던 존재론적 명제이기도 했다. 이 시기에 프랑스의 누벨바그는 관습적 영화산업에 대해 대항하며 개인적인 영화를 만들고자 분투하는 젊은 감독들을 낳았지만, 누구보다도 개인적 영화, 혹은 사적 영화라는 새로운 개념을 일으켰고 영화의 형식과 양식에 있어서 혁신을 불러일으킨 영화인은 알랭 레네(Alain Resnais)였다. 레네의 〈히로시마 내 사랑(Hiroshima mon amour)〉(1959)은 독일의 프랑스 점령과 일본의 원폭 투하와 대학살이라는 고통스런 역사적 기억을 두 축으로 프랑스 여배우와 일본인 건축가 사이의 덧없고 긴장된 정사를 다루었다. 실존주의라는 철학적 토대에서 역사 속의 개인의 문제에 관심을 두었지만, 형식 면에 있어서도 '혁명적인 영화'라는 칸영화제의 극찬을 받으며 흥분과 곤

혹감을 동시에 안겨주었다. 실제로 이 영화의 스타일은 당시엔 충격적인 것이었다. 영화의 빠른 편집은 에이젠슈타인의 것을 연상시켰지만 긴 트래킹 숏은 현대영화의 유연함과 자유로움 그 자체였다. 마르그리트 뒤라스(Marguerite Duras)가 쓴 영화의 보이스 오버는 가히 문학적이었지만 그에 따른 이미지들은 현란하도록 영화적이었던 것이다. 탁월한 영화적 시공간의 통일, 기억에 대한 프루스트적인 강조를 형상화함으로써 레네의 영화는 인간의 성적인 사랑과 역사적인 전쟁이라는 정상적으로 보아서는 양립 불가능해 보이는 두 세계의 결합을 절묘하게 연출해내었다.

〈히로시마 내 사랑〉

특히 누벨바그의 젊은 감독들은 기성 영화계에 대한 비판에서 출발해 새로운 영화를 옹호하기에 여념이 없었다. 정치적 · 미학적 과격

함이 하나의 대안으로 실천에 옮겨졌고, 이러한 지적·문화적 욕구를 충족시키기 위해서는 영화의 해방구를 '반문화적' 방식에서 찾고자 하는 영화들도 등장했다. 대표적으로 이런 양상은 고다르의 〈사랑과 경멸(Le Mépris, The Contempt)〉(1963)에서 영화제작이 일종의 사도마조히즘과도 같이 되풀이되는 '영화에 대한 영화'를 통해 여지없이 드러난다. '오딧세이(The Odyssey)'를 촬영하려는 미국 영화 제작자와 그와 사사건건 부딪치는 유럽인 영화 감독, 그리고 이들 사이에 끼어들면서 제작자의 눈에 들어서 일자리를 얻으려는 프랑스인 시나리오 작가의 이야기이다. 이미 고다르는 전작인 〈네 멋대로 해라(A bout de souffle, Breathless)〉(1959)에서 60년대 젊은이의 반영웅적 이미지를 극단으로 가져갔던 바 있었다. 〈사랑과 경멸〉은 이보다 한층 더 나아가서 자기분열에 이르는 영화작가를 통해 유럽 영화의 국제화에 따른 유럽적인 스튜디오 시스템의 붕괴를 이야기하고 있다.

로마의 치네치타 스튜디오에서 할리우드 블록버스터로 제작 중인 '오딧세이' 현장에서 각본가 폴은 그의 아내(당시 육감적인 육체파 배우로 통했던 브리짓트 바르도가 연기했다)를 부패한 제작자 옆에 혼자 두고 떠났다가 돌아와서는, 아내가 부정을 저질렀을 거라는 의심으로 영화가 펼쳐지는 내내 그녀를 조롱한다. 그가 벌이는 게임들, 그리고 그에 대한 아내의 경멸은 그녀를 죽음으로 몰아넣는다는 것이 영화의 줄거리이다. 하지만 〈사랑과 경멸〉은 돈만 아는 천박한 미국인 제작자라고 무시하지만 겉으로는 종속될 수밖에 없는 폴의 모순과 자기분열, 그리고 이에 대한 아내의 경멸에 시달리는 내용 전개와 더불어 다른 한편으로는 카를로 폰티(Carlo Ponti), 조셉 레빈(Joseph E. Levine)과 같은 유명 프로듀서의 횡포에 대한 영화작가의 항변이라고도 볼 수 있으며, 직접 감독 역할로 출연하는 독일 표현주의의 전설적 대감독 프리츠 랑(Fritz Lang)과 같은 유럽영화의 황금기를 살았던 감독의 사라져가는 위태로운 위엄과 권위에 관한 이야기이기도 했다.

결과적으로 〈사랑과 경멸〉은 예술이 그 자신의 구성 원칙을 폭로해야 한다는 브레히트의 원칙을 받아들여 대본, 로케이션 헌팅, 캐스팅, 리허설 등과 같은 모든 과정을 그대로 기록하고 있다. 지금 보아도 별로 낡았다는 느낌이 들지 않는 1963년에 만들어진 이 영화의 참신함은 관객의 감성뿐 아니라 지성을 자극하는 영화적 힘에 있다. 미로처럼 내밀하게 얽혀 있는 영화와는 무관해 보이는 담론들이 호메로스(Homer), 단테(Dante), 독일 낭만주의 시에서부터 현대인들에게 신의 역할과 글로벌 경제를 이끄는 미국 패권주의에 대한 명상에 이르기까지 이어지면서 영화와 불가분의 관계에서 관객에게 영화가 겉으로 보여주는 것 이상의 그 무엇을 보라고, 그리고 이를 위하여 관객이 자신의 모든 지적 능력과 문화적 경험을 동원해야 한다고 요구하는 듯 보인다.

누벨바그는 창의적이고 격정적인 시네필 문화로 세계영화사를 고쳐 썼다. 대서양을 건너간 작가영화의 등장은 미국영화에 영감을 불어넣었다. 〈그림자들(Shadows)〉(1959)과 〈우리에게 내일은 없다(Bonnie and Clyde)〉(1967)로 시작된 뉴 아메리칸 시네마(New American Cinema)는 기존 할리우드에서는 보기 드물었던 고도로 개인적인 스타일로 미국인의 복잡한 심리를 파헤친다. 누벨바그는 비단 미대륙만이 아니라 가까운 독일로도 전파되었다. 당대 영화인들이 오버하우젠에 모여 영화의 새로운 자유와 형식을 옹호하는 뉴 저먼 시네마(New German Cinema) 선언이 일어나기도 한다. 아마도 누벨바그가 오지 않았더라면 〈불안은 영혼을 잠식한다(Angst essen Seele auf, Ali: Fear eats the soul)〉(1973) 같은 뉴 저먼 시네마의 대표작들은 태어나지 않았거나 영화사에 더 늦게 당도했을 것이다.

스크린을 혈기왕성한 젊은 에너지로 채웠던 누벨바그를 지나오면서 영화는 정치에서 사생활에 이르는 모든 인간들의 행위에 영향을 미치는 중요한 역할을 담당했다. 돌아보건대 누벨바그라고 하는 영화의 모더니즘 시대는 급진적인 영화적 실천의 시기였다. 이 시기에 서유럽은 산업화에서 탈산업화로의 이행기를 맞이하고 있었고, 소비주의와 미디어 사회로 나아가고 있었다. 이 와중에 영화로 현대성과 사적 기억, 그리고 영화 스스로를 성찰하는 수많은 젊은 스타 감독들이 탄생하였다. 물론 누벨바그의 구성원들은 이후 많은 변화를 겪었고 이들에 의해 제기되어 68혁명에 이르는 젊은 세대의 반항과 청년문화는 점차로 상업화되기에 이르렀다. 하지만 전 세계에 걸친 영화제작 방식에 영향을 미쳐오고 있는 누벨바그의 영화미학은 관객들로 하여금 거리낌없이 영화 스크린과 은밀한 만남을 가지게 해주었던 시기로, 또 한편으로는 포스트모던을 준비하며 맞이한 시기로 기억될 것이다.

고다르의 〈사랑과 경멸〉. 시네마스코프로 촬영된 카프리 해안에 자리잡은
카사 말라파르테(Casa Malaparte)는 영화에서 스튜디오로 활용된다.

〈네 멋대로 해라〉에서 장 폴 벨몽도(Jean-Paul Belmondo)와 진 세버그(Jean Seberg)가 샹젤
리제 대로를 걸어서 내려오는 트래킹 숏은 누벨바그의 아이콘이 된 장면이다.

■
프랑스 영화의 포스트모더니즘과 그 이후

　프랑스 영화에 나타나는 포스트모더니즘의 시기를 어떻게 볼 것인가. 이를 위해 이미 하나의 전통으로 각인되는 파리 중심의 작가주의 경향을 되돌아볼 필요가 있다. 영화사 흐름에 있어 막강한 영향력을 행사해온 작가영화의 등장은 누벨바그의 원형을 통해 드러난다. '파리가 시네필리아 담론의 거의 대부분을 차지했던' 시기로 기억되는 이 영화들에서 '파리=작가영화'의 개념이 본격적으로 자리 잡게 되었다. 실제로 파리의 미학적, 산업적 주도권의 안에서 당시에 찍은 상당수의 영화들이 파리라고 하는 도시 공간을 담고 있다. 수도의 거리 곳곳에 즐비한 테라스 까페와 상점들, 파리지안 아파트들의 풍경……. 이러한 파리 내면의 지형도는 한국의 시네필들에게도 익숙한 프랑스 영화의 전형적 이미지이다.

　누벨바그의 작가정책은 파리가 영화담론의 중심지로서 자리매김하는 데에 그 시효가 없다 해도 지나침이 없을 것이다. 파리를 산보하며 담아냈던 이들의 내밀한 시선은 작가의 자기반영성이라는 실천적 명제를 던져주었으며, 타문화권의 영화 작가들에게까지 영감을 불어넣었다. 이에 아직도 우리는 '누벨바그풍'의 영화를 논하기도 하는 것이다. 그럼에도 불구하고 이들 노장 감독들에 대한 평가가 누벨바그 전성기에만 머물러 있을 수는 없는 일이다. 실제로 누벨바그는 끊임없이 그 의미가 재평가되어왔다. 새로운 감독들이 거장들의 빈자리를 대체하기 시작했으며, 기성세대의 작가영화에 대한 개념은 미학적으로나 산업적으로 큰 변화를 겪게 되었다.

1970년대는 고다르가 표방했던 정치적 모더니즘과 더불어 장 외스타슈(Jean Eustache), 모리스 피알라(Maurice Pialat) 등으로 대변되는 일상적 리얼리즘의 시기였다면, 이로부터 벗어나 1980년대를 풍미했던 대중영화의 장르는 시대문예극과 코미디, 그리고 범죄영화가 주를 이루었다. 주로 고전으로 불리는 문학적 대가의 작품에 경의를 표하거나 각색한 시대극이 유행하면서 좋았던 옛 시절에 대한 향수를 불러일으키는 영화들이 많이 만들어졌다. 프랑스가 동시대적 근심으로부터 순수하게 지켜질 수 있었던 구체제로 회귀하고자 하는 보수성이 드러나고 있었지만, 이런 영화들이 자국에서뿐만 아니라 세계 영화시장을 대상으로 한 '수출 주력' 상품이기도 하였던 사실은 우리에게도 시사하는 바가 적지 않다. 〈마농의 샘(Manon des sources, Manon of the Spring)〉(1986), 〈스완의 사랑(Un amour de Swann, Swann in Love)〉(1984) 등이 대표적으로 복고적인 경향을 띠고 있었다.

주로 에릭 로메르나 클로드 샤브롤 등의 프랑스 작가주의가 쌓아온 어떠한 원형성, 즉 '세련되고 대화 위주로 된, 섹시하지만 심각한' 중산층 영화의 심리적 사실주의 전통으로부터도 벗어나 있었음에 주목할 필요가 있다. 이른바 누벨 이마주(nouvelle image) 혹은 시네마 뒤 룩(cinéma du look)으로 명명된 감독들이 1980년대에 작가영화의 진영에 등장하게 되었다. 개인주의적이고 자기반영적인 누벨 이마주 감독들의 작품세계를 가로지르는 일관성을 찾기란 어렵지 않았다.

1980년대 프랑스 영화의 복고주의 경향을 보여주는 대표작으로서 〈마농의 샘〉

〈스완의 사랑〉은 마르셀 프루스트의 『잃어버린 시간을 찾아서』를 각색한 작품으로, 독일 출신의 감독 폴커 쉴렌도르프(Volker Schlöndorff)가 연출하고 제레미 아이언스(Jeremy Irons), 알랭 드롱(Alain Delon), 화니 아르당(Fanny Ardant) 등 영국과 프랑스의 대표적 배우들이 출연한 다국적 유럽영화의 전형이다.

〈디바(Diva)〉(1981), 〈서브웨이(Subway)〉(1985), 〈퐁네프의 연인들 (Les amants du Pont-neuf, The Lovers on the Bridge)〉(1991) 등으로 대표 되는 작품들의 공통된 관심이 파리의 영화적 판타지를 이미지화하 는 작업에 있었음은 주지의 사실이다. 따라서 '파리=작가영화'라 는 오랜 공식은 여전히 지배적이었으며, 이는 오히려 미테랑(François Mitterang)의 사회당 정부가 집권 이후 중도노선을 걸었던 시기에 한 층 강화된 국가적 담론으로 재생산되기에 이르렀다. 1980년대는 GATT 협상 등을 계기로 신자유주의 문화시장 개방에 대항해 자국 의 '문화적 예외' 조항이라는 사회적 합의가 미테랑의 주도하에 촉구 되었던 시기이기도 했다. 이러한 자국영화 주도권을 지키겠다는 시 대적 요구, 중도정책과 좌우 노선 간 탈(脫)양극화라는 요인 등으로 인하여 누벨 이마주 영화들의 미학적 영향력은 다소 과대평가된 면 이 없지 않았다. 우선 장 자크 베넥스(Jean-Jacques Beineix), 뤽 베송(Luc Besson), 레오스 카락스(Leos Carax) 같은 이 시기 대표적 감독들은 집 단적 운동으로 분류할 수 있을 정도로 강력한 유대감과 동질감을 가 지고 있지 않았다. 누벨바그에 필적하는 어떤 선언적인 행동이나 작 품을 보여준 적 또한 없었다. 이들의 이미지 미학에 대한 추구는 광 고적 이미지의 차용과 패스티쉬라는 논란에 끊임없이 휘말리기도 했 던 것이다.

누벨 이마주 작품들에 만연했던 대표적인 이미지는 아이도 어른 도 아닌 채 자신만의 세계에 함몰된 인물들의 내면 풍경이었음을 돌 이켜볼 수 있을 것이다. 〈니키타(Nikita)〉(1990)의 여주인공, 〈소년 소녀를 만나다(Boy meets girl)〉(1984), 〈나쁜 피(Mauvais Sang, The Night Is Young)〉(1986), 〈퐁네프의 연인들〉로 이어지는 레오스 카락스의 3부작에서 감독의 분신이나 마찬가지인 드니 라방(Denis Lavant)이 연기하는 순수하면서도 자폐적인 주인공, 그리고 〈베티 블루(Betty Blue)〉(1986)에서 세상과 유리된 채 자신들만의 사랑에 탐닉하는 젊은 연인들이 그러했다.

이처럼 자라나기를 거부하는 아이-어른의 이미지가 누벨 이마주 영화들의 닮은 점이었다면, 이러한 자기중심적 인물들의 서사를 메우는 것은 이미지의 과잉이었다. 그야말로 시네마틱한 파리의 영화적 재현이 펼쳐지기 시작했다. 모던하면서도 강렬한 푸른색으로 거듭난 도시의 이미지(〈디바〉, 〈니키타〉), 예쁘고 몽환적인 파리 내면의 풍경(레오스 카락스의 3부작), 그리고 아늑한 자궁과도 같은 파리의 지하세계(〈서브웨이〉) 등은 엄격한 1970년대의 정치적 성향의 영화들로부터 벗어나고 싶어 했던 젊은 세대에게 낭만적이고 감각적인 도피처를 제공했다. 광고, 록음악, 팝아트 등 대중문화의 여러 장르를 인용한 이미지들을 현란한 스펙터클로 재구성해 종래의 장르 개념으로는 분류할 수 없는 복합적인 영화를 만들어냈던 것이다. 당시에 필 파우리(Phil Powrie)가 말했듯이 '파리를 프랑스 작가주의의 마케팅 전략'으로 활용하려고 했던 시대의 논리와 어우러지면서, 누벨 이마주는 한때나마 프랑스 작가영화의 한 세대를 대표하는 조류가 될 수 있었다. 이후 장 자크 베넥스나 레오스 카락스가 침체의 늪에 빠져들었던 점이라든지, 뤽 베송이 프랑스에서의 인색한 흥행성적을 뒤로

하고 할리우드로 진출하는 상황은 누벨 이마주 영화들의 수명이 길지 않았음을 말해준다. 이 시기의 작가주의가 공유했던 일련의 매력적인 아이콘으로 기억되는 주인공들——니키타, 베티, 드니 라방의 캐릭터, 〈디바〉의 우편배달부 쥴스와 베트남 소녀 알바 등——은 일종의 자아도취적 폐쇄 성향을 체화한 채로 나타났지만 이런 것이 아무렇지도 않다는 듯 강렬한 시각적 이미지의 기호로 다가왔다.

장 자크 베넥스의 〈베티 블루〉(위)와 뤽 베송의 〈니키타〉(아래)

장 자크 베넥스의 〈디바〉

레오스 카락스의 〈퐁네프의 연인들〉

흥미롭게도, 이러한 작가담론의 배경을 살펴보면 프랑스 영화의 문화적 경쟁력을 둘러싼 보다 근원적인 논리에 접근할 수 있게 된다. 바로 자국문화의 우수성과 보편성에 기반을 두는 프랑스 '민족영화'의 명제, 그리고 이를 뒷받침하는 작가영화 혹은 예술영화의 파리 이미지에 대한 탐구 정신이 이에 해당된다. 여기에 누벨바그 이래 전통적으로 존중되어온 작가의 내밀한 반영성에 대한 관객과 평단의 열성적 지원이 더해지면, 프랑스 작가영화의 조류는 한 세대를 풍미하는 문화산업 그 자체가 된다는 사실이다. 실제로 이러한 예들을 영화사의 기록에서 심심찮게 찾아볼 수 있다. 누벨바그 시기 프랑스 관객들의 영화관람 행위가 "주말에 새로 나온 누벨바그 영화나 있으면 한 편 보러 가자"라는 말이 일상적일 정도였다는 것, 그리고 〈디바〉 등 소위 누벨 이마주의 영화들이 오늘날까지도 컬트영화로 자리매김하며 극장개봉되는 현실이 이를 반증한다. 물론 이러한 현상을 가능케 하는 배경으로서 작가영화에 쏟아지는 전략적 배려는 적어도 타문화권에서 바라보았을 때 물적·정서적 토대 측면에서 부러움을 살 만한 일일 것이다.

하지만 이러한 작가영화는 1990년대에 들어서면서 프랑스 영화계에 등장한 일군의 신진감독들에 의해 재조정되기 시작했다. 그중에서도 특히 누벨바그 이후 가장 강렬한 신세대의 등장으로 말미암아 작가영화의 명맥이 다시 활기를 띠었던 1990년대 이후의 영화들에 주목해볼 필요가 있다.

1990년대 프랑스 영화계는 여러 가지 면에서 누벨바그와 대조를 불러일으킨다. 우선 국가에서 정책적으로 양성된 신인감독 세대가 영화 시장에 투입되면서 명백히 젊은 작가들의 활동무대로 활기를 띠었다. 젊은 신진감독들은 새로운 문제작들을 내놓으며 40년 전 누벨바그가 그랬던 것처럼 강렬한 신세대의 등장으로 간주되었다. 흥미로운 점은 이들 신세대 감독들의 영화적 창작 작업의 콘텐츠는 누벨바그에 대한 수정과 비판적 재평가를 요구하는 방향으로 진행되어왔다는 점이다. 특히 이들은 누벨바그 세대가 쌓아온 '파리=작가영화'의 개념에 대해 비판적인 입장을 견지하면서 이를 기존 작가정책의 몰정치성이 겹쳐 지는 지점으로 보았다. 〈400번의 구타〉, 〈네 멋대로 해라〉, 〈파리는 우 리의 것(Paris nous appartient, Paris belongs to us)〉(1961) 등 누벨바그의 고 전으로 꼽히는 대표작들을 가로지르는 파리의 일상 세계가 막상 당대 의 쟁점을 정면으로 다루는 데에서는 비켜서 있었다는 점에 대하여 문 제를 제기하였던 것이다.

우선, 당시 파리 시내에서 격렬하게 일고 있었던 알제리 독립 시 위와 그 여파에 대해 영화적으로 침묵하였던 사실이 지적되었다. 역 사적으로 누벨바그의 등장이 프랑스의 탈식민화와 맞물리며 전개되 었던 것에 대한 재조명이 필요하다는 데에 인식이 모아진 것이다. 몇 가지 회고적인 관점에서의 질문이 나오기 시작했다. 영화를 감독의 예술로 정의하며 작가적 비전의 절대성을 강조한 작가정책이 탄생한 지 불과 몇 년 뒤인 1966년에 프랑스의 식민사를 충격적으로 증언하 는 〈알제리 전쟁〉이 개봉 금지가 되었음에도 불구하고, 당시 영화작 가들이 아무런 항의와 입장표명이 없이 이를 받아들였던 사실이 다시금 회자되었다.

프랑스 현대사의 중요한 전쟁이자 치부로 꼽히는 〈알제리 전쟁〉
은 누벨바그의 전성기와 때를 같이했지만 막상 이태리 출신 감독인
폰테코르보에 의해 연출되었던 영화였으며, 베니스 영화제에서 금사
자상을 수상했을 때 프랑스 정부가 반대 로비를 펼친 것으로도 유명
하다. 한시적으로 프랑스에서 개봉될 수 있었던 것은 1971년에 와서
이다. 텔레비전에서 방영될 수 있게 된 것은 그나마 훨씬 뒤인 2004
년 칸영화제에서 이 영화의 공식 상영을 프랑스가 허가해준 뒤에 가
능해진 일이었다. 장 뤽 고다르의 〈작은 병정(Le Petit Soldat)〉은 은유
적으로나마 이 시기를 다룬 프랑스 연출작이지만 알제리 사태의 영
화화라는 면에서 본다면 아쉬운 점을 남기는 영화였다. 당시의 상황
을 알제리도 프랑스도 아닌 제3국 스위스를 무대로 가져와 자기반영
적 우화와 상징으로 채워 넣는 데에 그치고 있던 것이다.

우선 1990년대 세대들에게 파리로 상정된 중심주의는 미학적 관
점이 아닌 하나의 정치적 헤게모니의 관점에서 해체의 대상이 되었
다. 신진감독 세대에게 이러한 작가정책의 헤게모니는 시대의 흐름
에 걸맞은 타문화의 유입을 영화가 적극적으로 수용하지 못하게 만
드는 걸림돌로 간주되었던 것이다. 오늘날 생성적으로 펼쳐지고 있
는 새로운 '경계'의 문제와 그 파장을 이해하기 위해서는 단순히 파
리의 재현을 시네필의 도시로만 바라보았던 이전과는 다른 관점을
찾고자 했다.

탈산업화되는 주변부 도시의 황폐한 풍경과 도덕 불감증에 관

한 영화들을 주로 만들었던 브루노 뒤몽[Bruno Dumont, 〈휴머니티(L'
Humanité)〉(1999)]과 다르덴 형제[Luc Dardenne & Jean-Pierre Dardenne,
〈약속(La Promesse, The Promise)〉(1996)과 〈로제타(Rosetta)〉(1999)]는 칸
영화제 수상 등을 통해 1990년대 중반 이후에 국제적 두각을 나타
내어 오늘날에 이르기까지 진지함과 동시에 실험적인 영상 탐구를
병행하는 작품을 만들어오는 감독들이다. 특히 다르덴 형제는 21
세기 영화의 '윤리주의' 작가로 평가된다. 타자(등장인물)와 나(관
객) 사이에 발생하는 도덕적 물음을 통해 동시대에 발언하는 영화
세계를 구축해왔다. 특히 사회적 안전망과 복지가 줄어들면서 사
회 바깥의 타자들을 대거 양산하는 유럽 사회 현실에 대한 제반 문
제에 대해 날카롭게 해부하면서, 나와 타인, 개인과 사회 간의 갈등
등을 파헤치는 데 주력한다. 다르덴 형제는 이데올로기적으로 선명
한 투쟁적인 입장을 취하기보다는 특유의 냉정하면서도 열정을 잃
지 않는 시선을 유지하는 편이다. 그들의 영화에서 발견되는 어떠
한 숨막히는 생명력은 신자유주의로 대변되는 세상에서 살아남는
각자의 유일한 길은 타자에 대한 동일시도 아니고 거리두기도 아
닌 동등한 우정이며 친구되기에 있다는 사실을 긴장감 넘치는 방
식으로 보여주기 때문이다. 이는 특히 흔들리는 카메라 움직임을
통해 인물의 뒷모습을 따라가는 특유의 영화미학으로 구현된다.
〈로제타〉를 비롯한 다르덴 형제의 초기 영화에서 관객과 주인공 사이
의 대면에 언제나 끼어들며 감지되는 카메라의 시선은 〈아들(Le Fils,
The Son)〉(2002)을 기점으로 서서히 전환점을 맞는다. 2000년대 후반

이후에 발표한 〈로나의 침묵(Le silence de Lorna, Lorna's Silence)〉(2008)이나 〈자전거 탄 소년(Le Gamin au vélo, The Kid with a Bike)〉(2011)에 와서는 다소 침착하고 안정된 카메라 스타일과 희망의 끈을 놓지 않는 서사를 향해 변화를 보여준다.

〈로제타〉(위)와 〈자전거 탄 소년〉(아래)

1990년대 작가들은 파리의 이면에 가려졌던 주변부와 변방의 문제에 천착하는 모습을 보여주었다. 이는 기존의 영화적 재현에서 배제되어왔던 소재를 영화작업 안으로 끌고 들어와 과감 없이 드러내려는 시도였다. 노동계층과 주변부 사람들의 이야기를 그리는 데 소극적이었던 프랑스 작가미학의 배타성을 지적하고 재고하려는 움직임이 일어났던 것이다. 베르트랑 타베르니에의 〈오늘부터 시작이야(Ça commence aujourd'hui, It all starts today)〉(1999)는 교육 복지의 사각지대에 놓인 계층의 이야기가 실화에 바탕했음이 동시대 관객에게 경종을 울리기도 했다. 특히 로랑 캉테의 〈인력자원부(Ressources Humaines, Human Resources)〉(1999)는 무한경쟁과 사회보장이라는 두 축 사이의 시대적 갈등을 직설화법으로 다루는 영화이다. 일자리를 나누자는 취지로 도입된 주 35시간 근무제를 두고, 취지와 달리 조기은퇴의 명분으로 쓰이는 시대적으로 예민한 이슈를 주제로 다룬다. 이러한 현실 정치의 문제를 가족의 드라마 안으로 가지고 들어와 풀어간다는 점에서 1960년대에 일어났던 누벨바그의 정신과 1970년대 정치적 모더니즘 영화를 통합해내는 작가주의의 전형을 보여주는 것이라 볼 수 있다.

흥미로운 것은 이런 작품들의 대부분이 중앙정부의 지원에 의한 국가적 시스템을 통해 제작이 가능하였다는 점이다. 1990년대 프랑스 영화계는 신인감독 국가지원책(avance sur recette)의 수혜비율이 역대 가장 높았던 시기였기 때문이다. 감독 개인의 시나리오 및 기획안에 근거해 기회를 제공하는 신인감독 국가지원책, 그리고 여기에 더

로랑 캉테의 〈인력자원부〉(왼쪽)와 〈클래스(Entre les murs, The Class)〉(2008)(오른쪽)

하여 방송국에 부과된 영화제작쿼터 등의 지원은 상업영화 시장에서 제작자를 찾기 힘든 작가주의적 경향의 작품들이 시장에 대거 노출될 수 있었음을 의미했다. 1970~80년대 프랑스에 개봉되었던 감독 데뷔작이 전체 자국 영화의 25~28%에 그쳤던 데 비해, 1990년대에는 주로 20~40대로 이루어진 젊은 영화 감독들의 데뷔가 한 해에 62편(1993년, 자국영화 개봉작의 42%), 58편(1998년), 62편(1999년) 그리고 53편(2000년)까지 늘어나며 하나의 사회적 현상으로 대두하였다. 한 해 평균 150편의 영화가 제작된 영화시장에서 10년간(1990~2000년) 총 450명의 새로운 감독이 장편 데뷔를 하였던 것이다. 이와 같은 막대한 규모의 공적 지원 제도가 가져온 긍정적인 효과로는 젊은 감독 지망생들에 대한 투자 자본의 확보를 들 수 있을 것이다. 시장의 검증을 따로 거치지 않고서도 영화계에 들어설 수 있었던 신인 감독들이 공적 지원의 최대 수혜자로 떠오르게 되었다. 실제로 이런 현상을 두고 '국가 재정으로 만들어진 반(反)국가적 성향의 영화들'이라는 통칭이 사용되었을 정도였다.

　이렇게 등장한 작가들의 영화를 살펴보면, 이들의 성향이 이전의 영화들과는 확실히 다른 양상을 보인다는 사실을 알 수 있다. 표피적 이미지 미학을 추구했던 누벨 이마주 세대에 대한 반기, 유아론적 개인주의에 몰두했던 1980년대 작가영화와의 미학적 단절, 그리고 누벨바그 작가주의가 쌓아온 어떠한 원형성, 즉 세련되게 만들어진 심리적 사실주의의 전통으로부터도 벗어나 있었던 성향 등은 프랑스 영화에 새로운 경향 혹은 새로운 작가군이 등장했다는 평가를 가능하게 만들었다. 르네 프레달(René Prédal)은 그의 저서『젊은 프랑스 영화(Le jeune cinéma français)』에서 이들을 '반(反)스펙터클의 영화(cinema of anti-spectacle)'로 정의한다. 실제로 프랑스의 전형적 이미지를 뒤집는 영화들이 대거 등장하였다는 사실이다. 이른바 변방의 지형학으로 볼 수 있는 탈중심적 흐름이 1990년대 세대 전체의 문제로 인식되어 이 시기 젊은 영화들에서 타자와 사회문제에 대한 관심으로의 회귀로 집중되어 나타났다. 에릭 로샹(Eric Rochant)의 〈동정없는 세상(Un monde sans pitié, A World without Pity)〉(1989)이나 〈세상의 눈(Aux yeux du monde, In the Eyes of the World)〉(1991)과 같은 영화들이 등장하여 젊은 세대가 부딪치는 사회상과 불만을 가감 없이 드러내며 기존 작가주의와 구별되는 방향을 선도했다.

특히 1990년대 영화들은 이민자로 대변되는 타자에 대한 수용능력이 한계에 다다른 프랑스 사회의 문제를 다루고 있었다. 이민자의 유입은 경제 호황기 때에는 노동력 제공으로 환영받았지만 실업이 만연했던 90년대에 와서는 내국인의 일자리를 빼앗는 위협적인 주범으로 인식되었기 때문이다. 마티유 카소비츠(Mathieu Kassovitz)의 〈증오(La Haine,

〈증오〉

Hate)〉는 파리와 그 주변부 사이의 명암을 이제껏 배제되어왔던 이민자 사회의 시선으로 들여다본 하나의 영화적 사건이었다. 〈증오〉는 실제 로 1993년 파리 외곽의 이민자촌에서 일어난 폭동을 근거로 제작되었 다. 경찰에 대한 부정적인 묘사와 이민 2세들의 거친 게토 문화를 여과 없이 다루어 흥행에 성공한 최초의 영화였던 〈증오〉는 이민 후속세대 들의 문화를 배제의 대상에서 주류영화의 소재로 바꾸어놓는 하나의 전환점이 되었다. 게토화되어 경계적 모습으로 살아가는 이방인 청년 들의 주류사회에 대한 불만을 영화의 폭발적인 에너지로 승화시킴으 로써 인종을 초월해 청년세대에게 어필할 수 있는 영화가 되었다.

이른바 '방리유(banlieue)' 현상을 낳은 이 영화는 이민자들의 밀집 지역인 '프랑스 속의 작은 아프리카'로 불리는 곳, 즉 '방리유'라는 공간에서 펼쳐진다. 도시와 사회에서 떨어져 있으면서 북아프리카계 이민으로 과반수가 구성된 영세민 주택단지라는 인식이 팽배한 방리유 공간은 2005년 대규모 방리유 소요 사태의 보도로 우리에게도 낯설지 않은 공간이다. 중세 시대 도시 파리가 유지되도록 둘러싸고 있으면서 문명의 경계를 지었던 야만적인 숲 지대의 현대판 버전으로 비유되는 방리유는, 영화에서 타자성의 장소이다.

배제에 의해 소속감을 느끼는 타자들, 추방된 이방인의 세계를 바라보는 〈증오〉에서 감독인 카소비츠가 외부인의 시선으로 이민자 집단을 바라보고 있다면, 다른 한편으로는 '인사이더'의 시선으로 이들을 바라보는 것이 가능했던 이민 출신 감독들도 등장했다. 아랍계 이민 감독 카림 드리디(Karim Dridi)의 〈바이 바이(Bye-bye)〉(1995)는 〈증오〉와 대조해볼 수 있는 영화이다. 두 영화는 비슷한 주제로 같은 해에 완성되어 개봉되었다. 〈증오〉가 거둔 성공의 그늘에서 아류작으로 치부되기도 했지만, 〈바이 바이〉는 여러 면에서 확연히 다른 영화이다. 영화는 공간적으로, 사회로부터 떨어진 방리유가 아닌 도심을 배경으로 펼쳐졌다. 영화 속 도시 마르세이유는 식민지 이래 북아프리카로부터 유입된 인구가 거쳐가는 관문으로서 디아스포라적 요소와 혼종성이 이미 프랑스의 본토 문화와 구별해낼 수 없을 만큼 뒤섞여 있는 상태로 모습을 드러낸다. 이민 가족의 문제와 세대 간의 차이를 비중 있게 다루고 있기도 하다.

한편, 압델라티프 케시시(Abdellatif Kechiche)는 자신의 작가적 정체성에 바탕을 두고 이민자 2·3세의 후속세대들이 깊이 관여되어 있는 중층적인 이민문제들을 영화 속에서 다루어왔다. 사회보장은 실종된 채 공권력에 복종할 것만 강조되는 이민자촌의 실태를 꼬집은 데뷔작 〈볼테르의 탓이다(La Faute à Voltaire, Poetical Refugee, Blame it on Voltaire)〉(2000)가 호평을 받으며 국내외 영화제 등에서 수상한 이후로, 케시시는 동시대 프랑스의 대표적인 이민 2세 감독으로서 이민자들의 문화적 권리를 다루는 영화를 꾸준히 생산해왔다. 그러나 최근작인 〈생선 쿠스쿠스(La Graine et le mulet, The Secret of the Graine)〉(2007)에 와서는 혼종성의 프랑스, 그리고 배제가 아닌 공존에 초점을 맞추는 변화를 보여준다. '생선 쿠스쿠스'를 파는 선상 레스토랑의 개업을 둘러싸고 이민 원세대와 후세대, 그리고 내국인 국민이 공존하는 공간에서 일어나는 문화적 충돌을 그리는 그의 영화는 이제 배제된 방리유가 아닌 도시의 분주한 일상성 안으로 들어와 있다. 이러한 재현의 콘텐츠 변화는 우선 이민 세대교체에 의한 것일 수 있다. 프랑스 문화에 몽매한 채 침묵하는 타자로 재현되었던 1세대 이민자 문화가 이민 2·3세대를 거치면서 가시성의 영역을 확장하는 과정으로 볼 수 있는 것이다.

〈생선 쿠스쿠스〉

이와 같은 변화의 토대는 새로운 작가주의가 하나의 영화 담론으로 생성될 수 있었던 배경에 무게를 두고 있다. 신세대 작가들이 불러온 타자에 대한 인식론적 전환의 계기는 1997년 2월 11일, 66인의 영화감독이 모여 반(反)이민법인 드브레 법(loi Debré)의 제정에 반대했던 '59인의 성명(Appel des 59)'을 발표했던 데서 비롯된다. 프랑스 시민이 집에 들이는 불법체류자를 신고해야 할 의무를 가지며 이를 이행 않을 시 쌍방 처벌된다는 조항에 의거하여 유죄판결을 선고받은 델통브 부인(Mme Deltombe) 사건이 계기가 되었다. "우리는 모두 델통브 부인처럼 불법 체류자들을 집에 데려와 재워준 혐의에 유죄임을 인정한다. 이들과 친구이며 협력한 우리도 법 앞에 판결받기를 요구한다"는 내용의 선언문이 두 일간지인 르몽드와 리베라시옹에 발표되었다. 이 성명은 아르노 데플레생(Arnaud Desplechin)과 파스칼 페랑(Pascale Ferran)이 작성하고 마티유 카소비츠, 로베르 게디귀앙(Robert Guédiguian)을 비롯한 젊은 감독들에 의해 주도되었다. 이 중에는 두각을 나타내기 시작한 이민 2세대 출신의 아프리카계와 무슬림계 영화감독들도 포함되어 있었다. 이후 강제추방에 반대하여 시위를 벌여온 불법체류자들의 집회 장소였던 파리 시내의 교회에 모여 이들과 동참하였다.

사실 당시에는 프랑스의 대표적 여배우 엠마누엘 베아르(Emmanuelle Béart)가 이 교회 안에서 흑인 아이를 안고 눈물 흘리는 모습이 공개되면서 더 큰 반향을 일으킨 감이 없지는 않았다. 이 흑백사진은 프랑스의 미디어와 언론 보도에 대대적으로 활용되었고 이로 인해 베아르는 오랫동안 모델로 있었던 크리스찬 디올사의 광고주로부터 재계약이 해제되는 전례를 낳기도 했다. 그러나 베아르의 예외를 제외하고 순수하게 영화감독으로만 구성된 공동체가 형성되어 이민자들의 자유와 권리에 대한 의지를 공유하였던 행위가 가지는 의미는 그 자체로도 적지 않은 파장을 남겼다. 특히 주목받았던 점은, 이 선언에서 파생된 단편영화 〈우리, 프랑스의 불법체류자들(Nous, les sans-papiers de France)〉이 다큐멘터리 감독 니콜라 필리베르(Nicholas Philibert) 등에 의해 공동 연출되었다는 사실이었다. 이 영화는 전국 단위 극장에서 본 영화 방영에 앞서 상영되었다.

프랑스의 대표적 여배우 엠마누엘 베아르가 반(反)이민법 제정에 반대했던 영화인들의 모임이 열린 생-베르나르 교회에서 추방될 운명에 처한 불법이민자 아이를 안고 있다.

당시만 해도 아랍계 이민자 출신이 프랑스에서 영화를 만들거나 영화에 출연하는 것이 〈증오〉와 같은 화제작이나 소수의 서브 장르의 영화에 국한되어 있었다면, 2000년대 이후 현시점에 이르기까지 아랍-프랑스 영화는 내용과 양적인 면에서 모두 진화를 거듭해오면서 동시대 프랑스 영화의 가장 활발한 조류 중의 하나로 자리를 잡았다. 이제 아랍 출신의 영화인들은 프랑스 영화사의 공백을 채워 넣을 새로운 내러티브와 역사·문화적 콘텐츠를 부단히 발굴해내고 있다. 어린 시절에 튀니지에서 부모를 따라 프랑스에 온 이민자로서 성장한 압델라티브 케시시의 〈가장 따뜻한 색, 블루(La Vie d'Adèle, Blue Is the Warmest Colour)〉(2014)가 2014년 칸영화제에서 대상을 수상하고 프랑스 영화의 위상을 높이는 것이 한 예가 될 것이다. 오늘날 방리유 영화가 코미디물에서부터 〈13구역(Banlieue 13, 13th Distrit)〉(2004) 같은 액션영화까지 다양한 장르를 섭렵하며 청년문화의 컬트로 호응을 받

〈가장 따뜻한 색, 블루〉

으면서 지속적으로 제작되는 것은 또한 어떠한가. 최근에는 〈영광의 날들(Indigènes, Days of Glory)〉(2006)이나 〈생선 쿠스쿠스〉 등의 예에서 보듯 자국뿐 아니라 세계 영화시장에서의 경쟁력과 자생력을 갖춘 대작 영화와 거장 감독들도 아랍 출신의 프랑스 세대 진영에서 나오고 있음을 보게 된다.

전통적으로 유럽 영화는 실존주의적 영화로 간주되어왔다. 우리는 유럽 영화계로부터 정형화된 장르의 법칙과 오락성을 내세우는 할리우드 영화에 대항하는 건강한 해독제가 되어줄 영화들이 나오기를 기대하면서도, 또 다른 한편으로는 문화권과 전체적인 맥락이 너무 다른 유럽권 영화에 대한 이질감을 떨쳐버리기 힘들어한다. 이러한 유럽 영화의 근간을 이루는 프랑스 영화의 특징조차도 한 마디로 정의하기란 쉽지 않다. 하지만 적어도 프랑스 영화에 대해 가지고 있는 선입견을 주변에서 일상적으로 만날 수는 있다. 대개는 말이 너무 많고 그에 비해 별다른 사건이 일어나는 것 같지는 않은데 야한 장면들이 빈번하게 등장하는 영화들…. 그러나 흥미롭게도 이러한 선입견은 대부분 근거가 있는 것들이다. 심지어 이를 통해 프랑스 영화를 구별 짓는 특징이 무엇인지에 대한 밑그림을 그려볼 수 있다. 주로 대사 위주로 진행되는 문학적인 경향이 강하고, 사건의 전개보다는 인간의 내면을 디테일하게 파고드는 심리적 사실주의의 전통에 입각해 있으며, 표현에 있어서 도덕률에 구속되기 싫어하며 에로티시즘에 관대한 점 등이 그러하다. 이러한 특징들은 프랑스 영화가 미학적 관점에서 세계 영화사를 선도해온 원동력이 되어왔다.

현대 유럽 영화의 전형을 구성하는 누벨바그에서 시네필들이 열광한 것은 자유분방한 시대정신에 묻어나는 현대인의 소외와 고독에 관한 고찰이었다. 누벨바그의 영화들이 즐겨 다루던 젊은 세대의 연애담은 할리우드의 로맨스 영화와는 달리 남녀의 사랑의 완성을 목표로 하는 것이 아니었다. 비이성적이고 감성적인 사랑, 불륜, 이루어질 수 없지만 미친 사랑의 이야기들에서 인물들은 사랑을 하지만 늘 외롭고 고독했다. 이러한 사랑의 불가해함이야말로 '나'라는 존재는 무엇인가, 라는 실존적 물음으로 귀결되고는 했던 것이다. 실제로 실존주의가 영화 담론의 중심에 있었던 시기로서 누벨바그의 시대를 거치면서, 의사소통의 불완전성과 인간 내면의 탐색이라는 문제의식은 프랑스 영화의 사상적 배경이 되었다. 그렇기에 영화의 쟁점은 '나는 누구인가(나는 무엇을 느끼는가)' 혹은 '나는 왜 외로운가'였다. 〈쉘부르의 우산(Les Parapluies de Cherbourg, The Umbrellas of Cherbourg)〉(1964)은 사랑이 이루어질 것인가 말 것인가에 관한 서사적인 관심보다는 남녀가 빠져드는 멜랑콜리아의 감정에 천착한다는 점에서 전형적인 프랑스 멜로드라마였다. 한편 트렌치코트의 깃을 세운 채 맥고모자를 잘 때조차 벗지 않는 고독한 킬러를 마치 현대의 사막에 내던져진 사무라이로 묘사하는 〈사무라이: 한밤의 암살자(Le Samouraï, The Godson. 국내에서는 〈알랭 드롱의 고독〉이라는 제목으로 번역되기도 했다)〉(1976)는 현대인의 소외, 외로움, 고독이 얼마나 절대적인가를 파헤쳤다.

오늘날 프랑스 영화는 실존에서 벗어나서 서서히 공존이라고 하

〈사무라이: 한밤의 암살자〉는 현대인의 실존적 고독을 대변하는 알랭 드롱의 연기가 여운을 남긴다.

무일푼의 이민자가 장애를 겪는 백만장자를 보살피게 되면서 싹트는 두 사람 사이의 우정과 공존을 다루는 영화 〈언터처블〉

는 새로운 시대정신을 향하여 나아가고 있다. 우리가 살아가는 세상에는 '나는 누구인가'라는 실존주의적 물음만으로는 해결되지 않는 난제들이 포진해 있기 때문이다. 동시대 프랑스 사회도 이 점에 있어서 예외는 아니어서 이제 프랑스 영화는 '우리는 누구인가'라고 하는 타자와 나 사이의 관계에 대한 윤리를 따지는 것에 자리를 내주게 되었다. 나와 다른 남에 해당하는 타인과 어떠한 방식으로 어울리며 살아갈 것인가는 다문화, 다인종 시대를 맞이한 프랑스에서 나오는 현재의 영화들을 통해 고민해볼 수 있는 것이다.

로랑 캉테의 〈클래스(Entre les murs, The Class)〉(2008) 같은 영화는 하나의 해답이 되어준다. 이 영화는 학교라는 작은 사회 안에서 벌어지는 권력, 소통, 문화 사회적 통합과 배척에 대한 문제를 그려낸다. 영화의 주인공으로 나오는 교사 프랑수아 베고도(François Bégaudeau, 이 영화는 그의 자전적 소설을 바탕으로 제작되었으며 그는 주연 역을 맡아서 영화에 출연했다)에게 있어서 공교육의 장소인 학교는 프랑스 혁명 이래로 프랑스 교육의 목표가 되어온 '자유, 평등, 박애'로 상징되는 공화주의 이념을 가르치고 실현하는 장소에 다름 아니다. 하지만 실상은 혼란 그 자체이다. 영화에서 프랑스 공립학교는 아랍 이민자촌에 자리 잡고 있으며, 프랑스인 선생님과 무슬림, 아프리카, 아시아계 학생들로 넘쳐나는 교육의 주체들은 하나같이 각기 다른 자신들의 문화정체성을 주장한다. 이곳은 학생과 교사, 학생과 학생, 이주민들에 대한 편견과 의사소통의 문제 등이 거미줄처럼 엉켜 있는 현대 사회의 축소판과도 같은 곳이다. 〈클래스〉는 이 혼란을 인정하자고 말한다. 이미 프랑스 영화에서 '다문화 사회에서 내국인과 외국인이 어떻게 공존하며 함께 행복하게 살아갈 것인가?'는 새로울 것이 없는 화두이다. 이방인과 어떻게 사이좋게 지낼 것인가의 문제의식은 이제 어떻게 하면 내 주체성을 잃지 않고 타인의 존중이 가능할 것인지를 묻는 지점으로까지 확대된다. 오늘날 프랑스 영화계에서 나오는 '공존'과 '케어'에 관한 영화들은 이러한 시각에서 바라보아야 한다. 〈언터처블: 1%의 우정(Intouchables, Untouchable)〉(2011)은 도움이 필요한 타자를 어떻게 돌볼 것인가를 통해 공존과 케어의 문제에 대하여 이야기하는 프랑스 영화의 건강한 예를 보여준다.

한편, 반드시 인종과 민족의 차이만이 타자를 구성하는 것은 아닐 것이다. 성적 정체성이 다른 사람들에 의해 혹은 그들을 소재로 하여 만들어지는 이른바 퀴어 영화(Queer cinema)는 이제 프랑스 영화를 비롯한 유럽 영화에서 하나의 서브 장르로 자리 잡은 것이 사실이다. 성적 소수자로서의 타자와 어떻게 공존하며 함께 행복하게 살아갈 것인가? 위반과 일탈을 두려워하지 않는 프랑수아 오종(François Ozon) 감독의 영화세계는 이 문제를 본격적으로 이야기한다[〈타임 투 리브(Le Temps qui reste, Time to Leave)〉(2005)]. 프랑스 '다문화' 영화의 지형도는 우리가 생각하는 것보다 더 다양하다. 어쩌면 이러한 지금의 프랑스 영화는 예전보다 우리에게 훨씬 더 가깝게 다가오고 있다.

아랍 영화의 발전과 위기

영화에도 모더니즘의 시기가 있다. 일반적으로 영화의 모더니즘은 50년대 후반에서 70년대까지를 그 전성기로 본다. 전 세계적으로 보자면 모더니즘 영화는 이탈리아의 감독 안토니오니에서 프랑스 누벨바그, 그리고 독일의 뉴 저먼 시네마, 브라질의 시네마 노보, 미국 언더그라운드 시네마 등에 이르기까지를 망라한다고 보면 된다. 이 영화들을 무엇이라 부르든 간에 우리는 2차 세계대전이 끝난 10여 년후에, 그 이전의 고전기를 형성하고 있었던 이른바 '옛날' 영화들보다는 한결 자유롭고 세련된 영화들을 만나게 되었다. 할리우드 고전영화와는 구분되어 오늘날 영화의 모습과 닮은 현대적인 영화들을 조우하게 되는 것이다.

중동 영화의 모더니즘은 출발점부터가 달랐다. 그것은 미학적이라기보다는 역사적인 맥락에서 말미암은 것이었다. 중동 영화는 이스라엘과 아랍 국가들 사이의 뿌리 깊은 정치적인 불화에 의해 좌우되어왔다. 다양한 분쟁 혹은 전쟁이 언제나 어디에서인가 지속 중이었고, 지리하게 이어지는 싸움을 바탕으로 한 영화들의 등장은 중동 영화에서는 일상이 되었다. 1967년 이집트, 시리아, 요르단과의 전쟁에서 이스라엘이 승리하였고 이후 교전상태는 악화되었다. 1973년 10월 전쟁[욤 키푸르 전쟁(Yom Kipur War)]에서는 이집트와 시리아가 이스라엘과 맞붙게 되었다. 이스라엘이 팔레스타인에 자치영토를 허용하지 않는 가운데 중동 지역의 지속적인 갈등은 1960년대 팔레스타인 해방기구의 조직 이후 가속화되기에 이른다. 이로 인해 대부분의 아랍 국가들은 이스라엘 정부에 대해 중립이거나 적대적인 상태를 유지했다. 아랍의 저명한 영화 평론가인 페리드 부게디르는 자신이 제작한 다큐멘터리 〈카메라 아랍(Caméra Arabe)〉(1987)에서 "1967년 전쟁의 패배는 얼마 남지 않았던 아랍 지식인들의 열망과 자신감을 송두리째 뒤흔들어놓았다"고 증언했다. 역사와 시간의 무게를 고스란히 짊어진 영화들은 중동 영화의 오랜 앙금이지만, 이를 딛고 어떻게 벽 너머의 서로에게 사랑과 용서 그리고 미래를 이야기할 것인가 하는 문제는 앞으로 중동 영화의 숙제가 될 것이다.

우선 10월 전쟁에 대한 생생한 드라마로 〈키푸르(Kippur)〉(2002)가 있다. 이스라엘의 비판적 영화인으로 잘 알려진 아모스 기타이(Amos Gitai)에 의해 제작되었다. 욤 키푸르 전쟁의 헬리콥터 구조팀 대원들이 절박해지는 상황에서도 부상당한 병사를 진흙탕에서 옮기는 장면은 7분 30초짜리 롱 테이크에서 깊은 공감을 자아낸다. 기타이 감독 자신이 실제 전쟁 발발로 징집되어 출전했던 자전적 경험에 바탕한 이야기라는 점에서 리얼리티를 더한다. 하지만 이 영화는 정부의 재정지원을 거부당하고 이스라엘에서 개봉되지 못했다.

또 다른 이스라엘 감독 에란 코릴린(Eran Kolirin)이 연출한 〈밴드 비지트-어느 악단의 조용한 방문(Bikur Ha-Tizmoret, The Band's Visit)〉(2007)은 이스라엘에서 2000년 이후에 만들어진 영화 중에서 가장 성공한 영화 중 하나이다. "이집트 경찰악단이 이스라엘을 방

이스라엘 영화들: 아모스 기타이의 〈키푸르〉

에란 코릴린의 〈밴드 비지트: 어느 악단의 조용한 방문〉

문한 적이 있었다. 아주 사소한 일이었기에 기억하는 사람은 많지 않다"라는 자막으로 시작하는 영화의 이야기는 국가 사이의 이해관계를 초월하는 작고 사소한 인연에 집중한다. 이집트 '알렉산드리아 경찰 악단'은 이스라엘 어느 지방 도시의 초청을 받아 이스라엘 공항에 도착한다. 목적지를 직접 찾아가기로 한 악단은 영어 발음을 잘못 알아들은 한 단원의 실수로 '페타티크바' 대신 '벳 하티크바'라는 작은 마을에 내리고 만다. 버스가 끊기는 바람에 어쩔 수 없이 마을에서 밤을 보내야 하는 상황에서, 고립된 이집트 경찰 밴드와 작은 이스라엘 마을 사람들이 서로 친해지는 하룻밤 동안의 시간을 다룬다. 두 나라의 보이지 않는 벽을 음악이라는 매개로 따뜻하게 넘어서는 이 영화는 이스라엘 감독이 이집트의 입장에서 찍은 영화라는 점에서 눈길을 끌었다. 적대적인 두 민족의 우정이라는 다소 이상적인 이야기를 대중 영화적인 화법으로 그려내는 영화이다. 때문에 할리우드식 화합을 이끌어내는 반면에 현실을 유화한다는 비판을 듣기도했다. 하지만 너무나 오래된 반목의 역사와 해결되지 않은 정치적 상황이라는 거대한 담론 때문에 사람과 사람 사이의 일상적 번민과 사랑에 대한 이야기가 그리워지는 중동의 영화계에서 단비와 같은 휴머니즘을 선사해준다. 이집트와의 전쟁에 몰두하는 국가의 텔레비전에서 오마 샤리프가 출연한 이집트 영화가 나오던 날이면 거리가 한산했던 어린 시절을 회상하는 이스라엘 여인의 장면에서 국경을 뛰어넘는 영화의 힘이 강하게 느껴진다. 하지만 영화는 막상 이집트에서는 상영되지 못했다.

한때 아랍 영화계의 할리우드였던 이집트 영화는 그 명성에도 불구하고 1960년대 후반에 쇠퇴의 길을 걷게 되었다. 주요 감독들은 망명했다. 정부가 영화에 대한 재정적 지원을 철회하면서 미국 영화가 시장을 점유한 반면에 자국 내 영화는 제작이 감소된 채 스스로 활로를 모색하도록 남겨졌다. 유세프 샤힌(Youssef Chahine)은 이 시기에 이집트에서 가장 왕성한 활동을 보여준 영화인으로 기록된다. 그의 수작으로 꼽히는 〈참새(El Asfour, The Sparrow)〉(1973)는 1967년 전쟁에서 패배했던 이집트에 대해 질문을 던진다. 그의 다른 영화들 〈대지(El' Ard, The Land)〉(1970), 〈선택(El Ikhtiyâr, The Choice)〉(1971), 〈방탕한 아들의 귀환(Awdat el-ibn el dâll, The Return of the Prodigal Son)〉(1976)은 이처럼 이집트가 형제 국가인 팔레스타인을 지켜주지 못했음에 대한 뼈저린 반성을 공유하고 있다. 특히나 〈참새〉는 관객의 몰입이 쉽지 않은 영화이다. 이집트 정부의 부패 사건을 조사하기 위해 우연찮게 경찰과 기자가 만나게 되면서 이 둘의 이야기는 전혀 예기치 못한 방향으로 종횡무진 흘러가는데, 영화는 6일 전쟁의 패배, 나세르 대통령의 사퇴 등이 콜라주처럼 얽혀 있는 서사를 통해 실험적으로 펼쳐진다. 하지만 샤힌이 처음부터 아방가르드한 경향의 예술영화만을 만들어온 감독은 아니었다. 오히려 상업영화 감독으로서 범아랍주의의 지지자였던 샤힌은 카이로의 카페에서 발굴한 오마 샤리프를 〈불타는 태양(Sira' Fi al-Wadi, Blazing sun)〉(1954)에 출연시킨 후 아랍과 유럽, 할리우드를 가로지르는 세계적 배우의 스타덤에 오르게 해주었던 이집트 대중영화계의 대부였다. 하지만 여러 차례의 전쟁을 겪으면서 그는 영화인으로서 현실에 대한 날선 정치적 발언을 담아내기 시작했다. 이러한 그의 결의를 한껏 분출시키는 〈참새〉는 그동안 비판적 시선을 견지했던 샤힌이 이집트의 역사를 고찰하는 감독으로 선회하는 계기로 볼 수 있는 작품이다.

샤힌을 거장의 반열에 올려놓은 대표작은 알렉산드리아 3부작이다. 〈알렉산드리아, 왜?(Iskandariyah… lih?, Alexandria… Why?)〉(1978), 〈이집트 이야기(Hadduta Misriya, An Egyptian Tale)〉(1982), 〈알렉산드리아 여전히, 언제나(Iskandariyah Kaman wa Kaman, Alexandria Again and Again)〉(1990) 등의 알렉산드리아를 무대로 한 자전적 작품이다. 3부작에서 한결같이 주인공으로 나오는 인물이 바로 '예히아'인데, 이런 예히아는 감독인 샤힌을 대변하는 자전적 인물이자 영화적 자아에 다름 아니다. 〈알렉산드리아, 왜?〉는 2차 세계대전의 소용돌이 속에서 행복을 찾으려 분투하는 예히아와 주변 인물들을 보여준다. 할리우드 영화의 화려함에 매혹되어 있는 십대 소년 예히아는 주변의 공포 분위기에서 벗어나 상상의 세계로 도피한다. 하지만 유럽을 점령한 나치에 이어 영국군이 이집트에 들어오면서 실제 삶의 참혹한 현실을 외면하기 어려워진다. 전쟁과 로맨스를 다루면서도 다양한 계층의 삶에 대한 시선을 유지하는 샤힌의 연출력이 돋보이는 작품이다. 특히 1940년대의 이집트를, 전쟁 전야의 불안에 넘치면서도 코스모폴리탄으로서의 면모를 갖추고 있었던, 살아 있는 도시 그 자체로 묘사한다. 굳이 이 시절의 정치·역사적 맥락에 익숙지 않은 관객이 보더라도 다양한 인간 군상이 역사적 전환기의 인생을 살아가는 한 편의 서사시는 강렬히 박동하는 생명력으로 넘쳐나면서 묵직한 영화적 경험을 선사한다. 아마도 3부작 중에서 가장 뛰어난 걸작으로 평가되어야 할 영화일 것이다. 〈이집트 이야기〉에서 어느덧 예히아는 중견의 영화 감독이 되어 있다. 심장 수술을 위해 런던으로 가는 여정에서 예히아의 30년 영화 인생이 그가 과거에 만든 영화 장면들의 콜라주처럼 펼쳐진다. 이 기억 여행의 끝에는 "내 유년의 도시, 즉 무슬림, 기독교인 그리고 유대인에게 열려 있던 관용의 도시 알렉산드리아"에 대한 애정 어린 추억이 기다리고 있다. 3부작의 마지막인 〈알렉산드리아 여전히, 언제나〉에서는 샤힌이 직접 노년의 감독이 되어 있는 예히아를 연기한다. 여기서 흥미로운 것은 (샤힌이 연기하는) 예히아가 극 중에서 자신에 관해 만든 자전적 영화에서 젊은 예히아 역을 맡았던 배우와 사랑에 빠진다는 것이다. 자기-인용으로서의 영화라는, 영화사에 한 정점을 남기는 영화인 셈이다. 영화의 장르는 판타지와 뮤지컬의 형식을 빌려 오는데 이 안에서 샤힌은 이집트 영화인들이 모두 합쳐서 민주주의를 위한 시위를 벌이는 상상을 한다.

2008년 유세프 샤힌이 82세로 세상을 떠나면서 이집트 영화계는 큰 별을 잃었다. 아랍권을 제외하고 그의 가장 큰 영화 시장이었던 프랑스에서는 당시 대통령 사르코지가 "샤힌은 이집트에 뿌리를 두고 세계를 향해 열려 있었다"는 성명을 발표하고 그의 죽음을 애도하기도 했다. 알렉산드리아에서 태어난 샤힌은 60년에 걸친 작품활동을 통해 상업적 멜로드라마에서 사회성 짙은 후기 작품들에 이르기까지 37편에 달하는 영화를 발표했다. 장편영화와 다큐멘터리를 통해 다양한 스타일을 선보였지만 그 끝에는 언제나 인간에 대한 애정과 보수적인 이집트 사회에 대한 비판이 있었다. 이집트의 국민감독으로 불리면서도 그의 영화는 과감한 성적 묘사와 정치적 압력에 대한 날카로운 시선, 이슬람 과격주의에 대한 문제제기로 늘 논쟁의 중심에 서 있었다.

별세한 거장 유세프 샤힌의 〈참새〉(왼쪽)와 〈알렉산드리아, 왜?〉(오른쪽)

2000년대 이후 이집트 영화의 최대 화제작 〈야쿠비안 빌딩〉

사회성 짙은 샤힌의 영화 유산이 드러나는 기념비적 작품은 최근 이집트 영화에서 가장 주목받은 〈야쿠비안 빌딩(Omarat yakobean, The Yacoubian Building)〉(2006)이다. 카이로 시내에 자리 잡은 야쿠비안 빌딩은 1930년대에 세워져 한때는 호화로웠던 10층짜리 최고급 건물이다. 당시 정부 고위관리와 장관들, 부유한 상공인의 거처였던 그곳은 1952년 군사혁명 후 군 장성과 장교 가족이 거주했지만 인구 증가와 도시화에 따라 건물 옥상엔 빈민들이 거주하는 작고 불결한 방이 들어서기 시작했다. 이제 이 빌딩에는 이집트 사회의 상층으로부터 하층을 구성하는 다양한 계급의 군상들이 공존한다. 나이 먹은 난봉꾼이 여성편력에 빠져들고 순수한 젊은 여성은 직장에서 성희롱에 시달린다. 마약 거래상이 정치인이 되어 국가를 사금고처럼 운영하는 권력자가 되는가 하면 테러리즘에 빠지는 가난한 소년 등의 이야기를 뒤섞어놓았다. 〈야쿠비안 빌딩〉은 이슬람 원리주의, 정부의 폭력성, 동성애의 과감한 묘사를 서슴지 않는 점에서 〈알렉산드리아 왜?〉의 21세기 버전으로 불려도 될 정도로 이집트의 실상을 박진감 있게 묘사하였다. 아랍의 시민혁명을 이해하려 할 때 빼놓을 수 없는 작품으로 평가된다.

■
뉴 아랍 시네마를 위하여

이른바 새로운 영화에 대한 욕망은 세계 어디에나 존재한다. 프랑
스와 이탈리아와 같은 제1세계 영화만의 소유물은 아니었다는 것이
다. 영화의 후발 주자들에게도 새로운 목소리를 실험적 형식에 담고
자 하는 영화의 운동은 얼마든지 일어나고 있었다. 아랍 세계도 예외
는 아니어서 아랍 영화에도 고전기를 탈피하는 새로운 영화가 피어
났다. 우리가 영화사의 어디쯤에 아랍 영화에서 새로운 움직임이 태
동하는 것을 위치시켜야 할지에 관하여 페르난도 솔라나스(Fernando
Solanas)와 옥타비오 제티노(Octavio Getino)의 '제3의 영화를 위하여
(Toward a Third Cinema)' 선언문은 하나의 참고가 되어준다.

"미학을 사회적 삶 속에 용해시켜라. 바로 이러한 방식으로만 프란
츠 파농이 이야기하듯 탈식민지화가 가능할 것이다. 그리고 문화·영
화·아름다움—적어도 우리에게 가장 중요한 것들—은 우리의 문화,
우리의 영화, 우리의 미감각이 될 것이다."

새로운 아랍 영화를 이해하기 위해서 알아야 할 것은 대다수 아랍
의 영화인들에게 1967년의 아랍-이스라엘 전쟁이 군사적 패배일 뿐
만 아니라 아랍의 지식인, 아랍의 미디어 그리고 아랍 영화의 패배를
의미했다는 것이다. 아랍 영화인들은 무언가 조치를 취해야 한다는

것을 깨달았고 흥미롭게도 이때부터 아랍 세계에서 소위 예술 영화 혹은 작가 영화(auteur cinema)가 시작되었다. 일반적으로 뉴 아랍 시네마(New Arab Cinema)는 아랍권 밖에 있는 유럽 등지의 서구에서 교육 받아 국제적인 영화 스타일에 대한 감각을 익히고 돌아온 새로운 감독들의 물결을 의미한다. 뉴 아랍 시네마의 발생지에 대해서는 의견이 분분하다. 1960년대 후반 이집트의 뉴 시네마(New Cinema)에서 시작되었다고도 주장하고, 다른 한편에서는 1974년 다마스쿠스 청소년영화제에서 결성된 아랍영화인 그룹이 발간한 영화 선언서에서 유래했다고 본다. 하지만 중요한 것은 뉴 아랍 시네마의 영화들이 프로파간다 영화를 기피하고 아랍 사회를 비판적으로 바라보기 시작했다는 것이다.

팔레스타인 사태를 지켜보는 영화적 책임의식은 〈속은 자들(Al-makhdu'un, The Dupes)〉(1972)에서 첨예하게 드러난다. 시리아국립영화기관(NFO The Syrian National Film Organisation)이 제작하고 이집트의 영화감독 튜픽 살레(Tewfik Saleh)가 연출한 이 영화에 카르타고영화제는 대상을 안겨주었다. 카르타고영화제는 튀니지에서 1966년에 아랍과 아프리카에 중점을 둔 영화제로서 탄생했다. 제3세계에서 가장 유구한 영화제 중 하나이다. 무엇보다도 아랍 영화 감독 세대들의 영화를 평가하고 인정해줌으로써 그들을 지원하는 필수적인 역할을 해오고 있다. 유럽 지역의 평가가 중동 지역의 문화에 대한 이해를 충분히 반영하지 못하는 데에 대한 하나의 대안적 영화제의 성격이 강한데, 이런 카르타고영화제에서 〈속은 자들〉에게 대상을 안김으로써 아

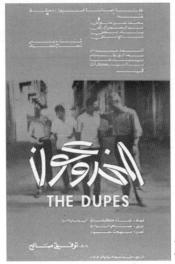

〈속은 자들〉의
영화 포스터

랍 영화계의 연합된 단결을 보여주기도 하는 것이었다. 이후에도 시리아국립영화기관은 1948년 전쟁 기간 동안 게릴라들이 팔레스타인 마을인 카프르 카셈에 거주하고 있던 민간인들을 대상으로 저지른 무차별적 대량학살을 다룬 영화 〈카프르 카셈(Kapre Kasem)〉(1975)을 제작했다. 이 영화는 레바논 감독 보르한 알라우이(Borhane Alaouie)가 연출을 맡았다. 이러한 영화들을 통해서 우리는 시리아, 레바논, 이집트, 그리고 팔레스타인의 영화인들이 팔레스타인 이슈에 대해 함께 손잡고 해결을 모색하려고 하고 있음을 알 수 있다.

한편, 미셸 클레이피(Michel Khleifi) 같은 선구적 감독은 어려운 현실 속에서도 팔레스타인 영화가 어떻게 살아남는지 보여준다. 그는

벨기에와 프랑스를 오가며 유럽과 팔레스타인/이스라엘 사이에 거
주한다. 그의 영화는 유럽에서 제작 지원을 받아서 팔레스타인에서
영화를 찍고 그 영화들을 전 세계에 보여준다. 영웅 또는 테러리스트
라고 불리는 클레이피의 〈갈릴리에서의 결혼(Urs Al Jalil, A Wedding in
Galilee)〉(1987)은 팔레스타인의 정치적 상황과 사회문화적 가치를 해
부하면서 처녀성과 남성성에 관한 금기적 주제를 대담하고 도발적
으로 다룬다. 이스라엘에 점령당한 한 갈릴리 마을에서 성대한 결혼
식이 벌어지는 과정에 끼어드는 정치적인 문제들이 이야기의 중심에
있다. 군의 감시하에 결혼식을 치러야 하는가, 점령사령관을 초대할
것인가, 부패한 세상에서 결혼식을 치르는 게 옳은가에 이르기까지
정치적 선택들이 문제가 된다. 그런데 여기서 문제가 끝나는 게 아
니다. 신랑은 권위적인 아버지의 위세에 눌려 지내야 하고 신부는 신
부대로 순결을 명예로 여기는 낡은 관습이 불만이다. 이 논란적인 영
화는 이스라엘 군인들로 대변되는 외부로부터의 '피해의 기억'만 부
각시키지 않고 팔레스타인 사회 내부의 문제들을 간과하지 않았다

〈갈릴리에서의 결혼〉

는 점에서 돋보인다. 이로 인해 유수의 영화제들에서 수상하는 등 국제적 관심을 받았지만, 역설적이게도 감독인 클레이피는 이스라엘과 팔레스타인 양 진영으로부터 칭찬과 비판을 동시에 받아야 했다. 장편 다큐멘터리 영화 〈루트 181(Route 181)〉(2004)은 점령 없는 팔레스타인에 대한 시각을 공유하고 있는 클레이피 감독과 이스라엘 감독 이얄 시반(Eyal Sivan)이 공동으로 연출하였다.

기본적으로 팔레스타인 영화는 떠도는 이주민의 영화이다. 영화인들이 그들의 조국을 떠나서 살고 일하게 되는 '이주 영화(immigration cinema)' 현상은 팔레스타인 영화의 특징이다. 혹은 디아스포라 영화이기도 하다. 본토를 떠나 뿔뿔이 흩어져 이산(離散)된 집단으로서의 정체성을 다루는 '디아스포라(diaspora) 영화'도 팔레스타인 영화의 중요한 특징이다. 신세대 팔레스타인 영화인들은 주로 이러한 장르의 영화에서 세계적으로 역량을 인정받으며 혁신적인 영화를 제작하고 있다. 대표적으로 칸영화제에서 심사위원 특별상을 수상한 엘리아 술레이만(Elia Suleiman)의 〈신의 간섭(Yadon ilaheyya, Divine Intervention)〉(2002)과 골든글러브 외국어영화상을 수상하고 아카데미 최우수외국어영화상 부문 후보작이었던 하니 아부—아사드(Hany Abu-Assad)의 〈천국을 향하여(Paradise Now)〉(2005)를 들 수 있다.

엘리아 술레이만은 정치적인 문제를 가벼운 농담처럼 그려낸 뒤, 숨어 있는 현실에 대해 성찰하도록 만든다. 그 안에서 자유로운 개인과 통제하는 사회 간의 불협화음은 가자 지구의 분리장벽을 장대높이뛰기로 넘는 것과 같은 상징을 통해 영화의 지형도를 넘어서는 보편적인 울림을 가진다. 그는 또한 고국을 떠나 뉴욕과 파리에 거주하는 팔레스타인의 전형적인 디아스포라 감독이기도 하다. 〈신의 간섭〉은 예루살렘에 사는 팔레스타인 남자와 라말라에 거주하는 팔레스타인 여인 사이의 러브스토리를 다룬다. 두 연인의 만남이 이스라엘군이 지키고 있는 검문소 옆 황량한 터에서 이루어지지만 결코 지속되지 못한다. 대신 이런 부조리한 일상에서 발생하는 미묘하게 우스꽝스러운 사건들이 롱쇼트로 펼쳐진다. 블랙 유머의 절정은 두 연인이 검문소에서 만나고 있는 장면에서 야세르 아라파트(Yasser Arafat)의 얼굴이 그려진 빨간 풍선이 국경 반대편으로 날아오는 대목이다. 이를 본 이스라엘 군인들이 쏴야 할지 말아야 할지 논쟁을 벌이는 장면은 코믹한 상황을 연출하지만, 이러한 웃음 안에는 카메라 바깥에 존재하는 증오, 테러, 체포, 고문 따위가 보이지 않게 묻어 있다.

술레이만이 7년 만에 내놓은 〈팔레스타인(Le Temps qu'il reste, The Time That Remains)〉(2009)은 1948년 이스라엘 건국과 함께 시작된다. 팔레스타인인들은 삶의 터전을 지키기 위해 총을 들거나 쫓겨나거나 도망쳐야 했고 소수의 사람들은 고향 땅에 머물렀지만 그들의 일상은 한시도 전쟁에서 자유로울 수 없었다. 〈팔레스타인〉은 바로 그들의 이야기를 다루는 영화이다. 팔레스타인 영화의 자존심답게 술레이만은 다시 한 번 역사적 사건에 좀 더 직접적으로 다가선다. 영화 속 엘리아(감독 본인이 연기한다)가 초등학생이던 때, 인티파다가 일어나고 무장 투사였던 아버지가 죽은 때, 그리고 현재에 이르기까지 시간은 예고 없이 점프하지만 그 시선에는 분노나 적개심 대신 연민과 우울이 배어 있다. 그건 이 영화가 팔레스타인의 현실을 바라보는 눈과 동일시되면서, 창틀 너머로 바라보는 노모의 모습에 무장투사였던 아버지의 임종이 겹치는 순간 묘한 감흥을 일으킨다. 그의 풍자는 여전한데 이스라엘이 세운 분리장벽을 장대높이뛰기 폴을 사용해 훌쩍 뛰어넘는 장면은 관객들에게 짧지만 강하게 기억될 것이다.

〈신의 간섭〉, 〈팔레스타인〉

지금 술레이만과 같이 촉망받는 아랍 영화인들이 예술의 힘 안에서 보편적 울림을 가지는 영화를 만드는 것은 왜 중요한가. 한 가지 이유는 아랍 테러리스트의 이미지를 끊임없이 재생산하는 할리우드 영화인들의 프로파간다에 맞서는 건강한 해독제로서 훌륭하기 때문이다. 물론 예외도 있지만 할리우드에서 만들어진 영화들은 아랍인에 대해 야만인 또는 테러리스트의 이미지를 심어왔다. 아랍 혹은 아랍인의 부정적인 이미지라는 문제를 놓고 한 권의 책으로 출판하여 센세이션을 일으켰던 잭 샤힌(Jack Shaheen)의 『정말 나쁜 아랍인들(Real Bad Arabs)』은 무성영화에서부터 대형 블록버스터 영화에 이르기까지 아랍 캐릭터가 등장하는 900편의 영화들을 분석하면서 이 영화들 중 그나마 아랍인이 중립적으로 묘사된 경우는 50편에 불과하다는 결과를 내놓았다. 물론 긍정적으로 형상화된 영화는 이보다 더 적다. 검은 콧수염에 알 수 없는 아랍어를 소리치며 미국인의 자유를 위협하는 무장한 아랍 테러리스트의 이미지는 선과 악의 이분법을 위해 폭력의 이미지를 고착화시킨다는 점에서 편협하고 위험하기 짝이 없는 것이다(게다가 우리는 여기에 최근 할리우드 영화의 부쩍 인기 있는 악당으로 등장하기 시작한 북한인들의 이미지도 고려하지 않을 수 없다). 곧잘 밸리 댄서이거나 검은 베일에 쌓인 존재로 그려지는 아랍 여인들에 대한 스테레오 타입은 또 어떠한가. 그렇기에 이슬람 문화나 그들의 문화적 토양과 정치적 관점을 일깨워주는 영화가 더욱 절실하다. 할리우드에 맞서서 대안적 영화를 실천하는 감독들이 이런 역할을 해준다는 것은 영화가 더 넓은 세계와 만나는 방식이기도 하다. 이들에 의해 영상으로 맞닿은 자유로운 영혼과 휴머니티를 간직한 아랍 세계의 묘사는 영상언어의 영토를 확장하는 것임에 틀림없다.

제2부

지중해 영화들

■■

프랑스 영화

〈아멜리에〉, 파리에 관한 예술 영화의 전형을 완성하다

시네필들에게 익숙한 프랑스 영화의 이미지는 무엇일까. 거리 카
페와 상점들, 그리고 파리지앵들의 풍경을 담아내는 파리의 지형도
가 떠오른다. 프랑스 예술영화에서 이미 하나의 전통이 되어온 파리
중심의 경향을 되돌아볼 필요가 있다. 영화사에서 막강한 영향력을
행사해온 작가영화의 등장은 이른바 '새로운 물결'로 불렸던 누벨바
그(Nouvelle Vague)의 원형을 통해 드러난다. 파리의 시네마떼끄로 몰
려들었던 신세대 감독들 덕분에 누벨바그 영화들은 파리가 시네필리
아의 중심에 있었던 시기로 기억된다. 이 시기부터 '파리=예술영화'

의 개념이 본격적으로 자리 잡았다. 파리의 미학적, 산업적 주도권의 자장 안에서 탄생한 〈네 멋대로 해라〉, 〈400번의 구타〉 등 당시의 상당수 영화들이 파리를 배경으로 하고 있었음을 볼 수 있다. 수도의 거리 곳곳을 누비며 즐비한 테라스 까페와 상점들과 파리지안 아파트들의 풍경을 담아내는 파리 내면의 지형도는 한국의 시네필들에게도 익숙한 프랑스 영화의 전형적 이미지를 구성하는 한 단면이다.

누벨바그가 예술 영화의 진원지가 된 데에는 이유가 있다. 파리를 산보하며 담아냈던 누벨바그 감독들의 내밀한 시선은 곧 감독이란 자신이 만든 영화의 작가이며, 작가는 영화를 통해 자신의 목소리를 내야 한다는 것, 즉 작가의 자기반영성이라는 실천적 명제를 던져주었다. 이때부터 예술영화는 곧 작가영화를 의미하게 되었다고 볼 수 있다. 타문화권의 영화 작가들에게까지 영감을 불어넣으며 우리는 아직도 '누벨바그풍'의 영화를 논하기도 하는 것이다.

누벨바그의 거장들이 전성기에서 물러나게 된 시기인 1980년대는 한때 강렬한 신세대의 등장으로 말미암아 활기를 띠게 된다. 이른바 누벨 이마주(nouvelle image) 혹은 시네마 뒤 룩(cinéma du look)으로 명명된 감독들이 등장하게 되었던 것이다. 개인주의적이고 자기반영적인 누벨 이마주 감독들의 작품세계를 가로지르는 일관성을 찾기란 어렵지 않았다. 〈디바(Diva)〉, 〈서브웨이(Subway)〉, 〈퐁네프의 연인들(Les amants du Pont-neuf)〉 등 대표작들의 공통된 관심은 파리의 영화적 판타지를 이미지화하는 작업에 있었다. 이러한 누벨 이마주의 영향력은 다소 과대평가된 면이 없지 않았다. 우선 장 자크 베넥스, 뤽 베송, 레오스 카락스 같은 대표 감독들은 집단적 운동으로 분류될 정도로 강력한 유대감과 동질감을 가지고 있지 않았다. 누벨바그에 필적하는 어떤 선언적인 행동이나 작품을 보여준 적도 없었다. 이들의 이미지 미학은 내용의 빈곤을 현란한 색채감각을 내세운 광고 이미지의 차용과 패스티쉬로 메우고 있다는 논란에 끊임없이 휘말리기도 했다.

그럼에도 불구하고 누벨 이마주가 한때나마 프랑스 예술영화의 얼굴을 대표할 수 있었던 배경은 '파리를 프랑스 예술 영화의 마케팅 전략'으로 활용하고자 했던 시대의 논리였다. 프랑스 영화의 문화적 경쟁력을 둘러싼 논리는 바로 자국문화의 우수성과 보편성에 기반을 두는 프랑스 '민족영화'의 명제, 그리고 이를 뒷받침하는 작가주의의 파리 이미지에 대한 탐구 정신을 말한다. 여기에 누벨바그 이래 전통적으로 존중되어온 작가의 내밀한 반영성에 대한 관객과 평단의 열성적 지원이 더해지면, 프랑스 작가영화의 조류는 한 세대를 풍미하는 문화산업 그 자체가 된다. 실제로 이러한 예들을 영화사의 기록에서 심심찮게 찾아볼 수 있다. 〈디바〉 등을 비롯한 누벨 이마주 계열의 영화들이 오늘날까지도 컬트영화로 자리매김하며 예술영화전용관이나 영화제 특별전을 통해 상영되는 현실이 이를 방증한다.

■
파리, 프랑스 영화의 마케팅 전략

누벨 이마주의 후계자로 꼽히는 장 피에르 주네(Jean-Pierre Jeunet) 감독이 만든 〈아멜리에(Amélie)〉(2001)는 파리의 아름다움에 대한 영화적인 예찬이다. 〈델리카트슨 사람들(Delicatessen)〉(1991)과 〈잃어버린 아이들의 도시(La cité des enfants perdus, The City of Lost Children)〉(1995)를 통해 주네 감독은 모던하면서도 강렬한 이미지와 화려한 스펙터클을 추구해왔었다. 주로 심리적 사실주의에 치중하는 프랑스 영화계에서 동화적인 상상력과 환상적인 시각이미지의 스타일리스트로 불리는 주네 감독은 독특한 입지를 가진다. 어두운 인물들과 왜곡된 화면, 어둡고 음산한 분위기의 정교한 세트, 시각적인 화려함으로 표현된 기이한 판타지는 주네와 그의 오랜 협력자이자 동료였던 마크 카로(Marc Caro) 특유의 스타일로 자리 잡았다. 이들이 공동으로 연출한 인육을 먹는 가상사회를 그린 기괴한 코미디 〈델리카트슨 사람들〉는 세계적인 주목을 받았다. 이후의 연출작 〈잃어버린 아이들의 도시〉의 천재 발명가는 두뇌를 얻은 대신 꿈을 꾸지 못하게 되어버리고, 그래서 아이들을 유괴해 꿈을 훔쳐서라도 생을 이어가고 싶어 한다. 소름 끼치는 악몽 같은 이야기를 아름다운 동화의 형식에 담는 부조리함은 형식에 비해 깊이가 부족하다는 평을 받았다. 잠시 할리우드로 떠나 20세기 폭스로부터 연출을 제안받아 완성한 〈에이리언4(Alien: Resurrection)〉(1997)는 특수효과와 세트, 인형 애니메이션에 기반한 모형 등 다양한 시각효과의 향연이 돋보이는 에이리언 시리즈의 속편이었다. 할리우드 블록버스터로는 드물게 유럽풍의 설화적 상상력이 돋보이는 영화로 기록된다. 그러나 주네를 단연 프랑스적인 감독으로 기억되게 할 영화는 800만 관객이 관람하여 수익률 1위를 차지하며, 프랑스 영화의 해외 수출 성공에 있어서도 대표적인 사례로 언급되는 〈아멜리에〉일 것이다. 이 영화가 프랑스 영화사에 남을 콘텐츠로 성공할 수 있었던 데에는 서로 다른 문화를 지닌 전 세계 대중들이 동참할 수 있는 일종의 '코드'가 있기 때문이다. 대표적으로 이 코드는 파리지앵들의 일상세계를 통해 드러나는 파리(Paris)라는 공간의 묘사가 주는 매혹 그 자체에 있다. 〈아멜리에〉는 뛰어난 시각 효과로 공들여 가다듬은 파리의 이미지들을 동원하여 관객동원에도 성공함으로써 프랑스 영화의 명맥을 잇는 중요한 역할을 담당했다.

파리의 풍차 카페에서 일하는 아멜리에(오드리 토투)는 어딘지 남다른 아가씨이다. 무뚝뚝한 아버지와 신경과민인 어머니 사이에서 심장이 약하다는 오해를 받아 집에서만 자란 그녀는 고립된 성장기를 보낸다. 학교도 친구도 없이 자신만의 상상 속에 은신해온 그녀의 일상은 어느날 우연히 40년 묵은 보물상자를 발견하면서 변하기 시작한다. 아멜리에는 남몰래 주인에게 상자를 전하고, 그의 반응에 보람을 느껴 선행을 계속하기로 맘먹는다. 폐쇄적으로 살아가는 아버지, 헤어진 사랑에 집착하는 카페 손님 조셉과 잔병치레에 시달리는 동료 조제트 등 주변 사람들의 행복을 찾아주는 일을 시작한다. 그리고 그간의 선행에 대한 보답이라도 되는 것처럼 지하철역에서 즉석사진 부스에 버려진 사진들을 수집하는 니노와 마주친 순간, 낯선 두근거림이 다가오며 오랜 기다림이 끝나고 영화는 해피엔딩을 맞이한다.

이처럼 다소 순진무구한 동화적 이야기로 이루어진 이 영화는 이야기보다는 다양한 메타포와 강렬한 이미지들을 통해 메시지를 전달한다. 영화의 줄거리를 이끄는 주인공 아멜리에는 여배우 오드리 토투의 천진한 표정과 연기, 주네 감독이 만들어낸 화려한 영상, 독특한 음악 등에 힘입어 끝까지 관객의 시선을 붙잡는다. 그녀가 이끄는 대로 파리 시내를 따라가다 보면 어느새 세느강과 퐁네프, 몽마르트 언덕, 생 마르탱 운하 등 가히 '프랑스적'이라 할 공간들과 마주친다. 이러한 공간의 배경으로 프랑스의 전통적인 아코디언 연주 음악이 흐른다.

여기에 프랑스 영화 특유의 섬세한 터치까지 더해진 〈아멜리에〉는 전형적인 프랑스 영화이다. 감독은 파리의 일상세계가 주는 낭만과 노스텔지어를 강조하기 위해 다양한 표현방식을 구사하는데, 빛을 내며 두근거리는 심장, 자살하는 금붕어, 난쟁이 동상이 세계 일주한 여섯 장의 사진, 사랑하는 남자 앞에서 자신에 대한 실망을 물로 녹아내리는 듯한 물거품, 풍차 카페에 모여드는 보헤미안들의 서민적이지만 복잡한 이미지 등이 그것이다. 이러한 요소들은 서로 조화를 이루면서, 성인이 된 소녀가 행복을 찾기 위해 돈키호테처럼 나서는 아멜리에의 종종걸음을 좇아간다.

■

자아도취의 유아론적 세계관

이 영화에 나타난 파리는 실재하는 파리가 아니라, 아멜리에가 생각하고 구축한 파리이다. 즉, 〈아멜리에〉의 몽마르트르는 현실이라기보다는 주네 감독이 자신의 추억과 상상으로 가공한 하나의 이미지이다. 파리라는 넓은 도시도 인공적인 방식을 원했던 감독의 손길에서 변형되고 미화된다. 결과적으로 파리의 시가지에 때로는 세월을 입히고 때로는 비현실성을 입히는 '환경 미화'를 단행하여 21세기의 파리를 시대 불명의 동화적인 공간으로 재창조해낸 주네 감독의 솜씨는 분명 누벨 이마주 세대의 후계작으로 꼽히기에 손색이 없다. 이렇게 이 영화는 파리와 '예술영화'의 아늑한 연결고리 사이에 존재하는 '파리=예술영화'의 공식을 좀 더 대중적인 방식으로 그려낸다.

이러한 파리는 현실이 아닌 판타지의 세계로 펼쳐진다. 현실세계가 배경인데도 〈아멜리에〉가 판타스틱한 느낌을 주는 것은 그 배경인 파리가 실제와는 상관없이 아름답지만 자아도취적인 소녀 아멜리에의 상상적 세계로 가공되어 있기 때문이다. 그 결과는 충분히 몽환적이고 예쁜 도시 이미지의 완성이다. 어느 프레임을 떼내 벽에 걸어놓아도 좋을 만큼 하나하나의 숏이나 신이 모두 풍만하고 아름답다.

그러나 다른 한편, 누벨 이마주 영화들에 만연했던 대표적인 이미지가 아이도 어른도 아닌 채 자신만의 세계에 함몰된 인물들의 내면 풍경이었음을 돌이켜보자. 이처럼 자라나기를 거부하는 아이-어른의

이미지가 '파리를 프랑스 작가주의의 마케팅 전략'으로 활용하려고 했던 시대의 논리와 어우러지면서, 결과적으로 누벨 이마주는 비판적이기보다는 자아도취증에 빠진 당시의 젊은이들을 대변하는 것이었다. 21세기 초에 개봉된 〈아멜리에〉는 이러한 작가주의 영화가 공유했던 유아론적 폐쇄성향을 계승한다. 서구 사회의 문화상실증 현상을 시각적인 볼거리로 은폐하려는 영화이며, 나아가 비판 의식을 상실한 현대 젊은이들의 자아도취감을 만족시켜주는 작품이라는 비판도 받았다. 하지만 〈아멜리에〉는 2001년 세자르상을 휩쓰는 등 열렬한 지지자들을 확보하는 데 성공하며, 새로운 영상이미지 예술의 기수로서의 주네의 입지를 더욱 굳건히 해주었다.

■ ■

프랑스 영화

환대를 둘러싼 프랑스의 경험과 결단, 〈증오〉

90년대 이후 프랑스에 등장한 이민자 영화들 중에서 〈증오(La Haine)〉는 칸영화제 감독상 수상 등으로 일약 스타덤에 오른 마티유 카소비츠 감독의 연출작이다. 프랑스뿐 아니라 세계적으로 주목을 받은 이 영화는 파리와 주변부 사이의 명암을 그간 영화에서 잘 그려지지 않았던 이민자 사회의 시선으로 들여다본 하나의 영화적 사

건이었다. 실제로 〈증오〉는 1993년 파리 외곽의 이민자촌에서 일어난 폭동을 근거로 제작되었다. 경찰에 대한 부정적인 묘사와 이민 2세들의 거친 게토 문화를 여과 없이 다루어 흥행에 성공한 최초의 영화였던 〈증오〉는 프랑스 영화에 대한 기존 관념을 바꾸어놓는 하나의 전환점이 되었다. 이민 세대들의 문화를 배제의 대상에서 주류영화의 소재로 바꾸어놓는 1990년대 최대의 화제작이기도 했다. 게토화되어 경계적 모습으로 살아가는 이방인 청년들의 주류사회에 대한 불만을 영화의 폭발적인 에너지로 승화시킴으로써 인종을 초월해 청년세대에게 어필할 수 있었던 것이다.

〈증오〉는 유태계, 아랍계, 아프리카계로 구성된 이민자 청년들에 초점을 맞춘다. 게토화된 공간에서 경계적 모습으로 살아가는 세 청년은 제목 그대로 주류사회에의 증오로 가득 찬 '동화되지 않는 이방인'들로 그려진다. 영화의 대부분이 파리 북부 외곽의 주변부에 있는 이민자들의 밀집 지역으로서 '프랑스 속의 작은 아프리카'로 불리는 곳, 즉 '방리유(banlieue)'에서 펼쳐진다. 도시와 사회에서 떨어져 있으면서 북아프리카계 이민으로 과반수가 구성된 영세민 주택단지라는 인식이 팽배한 방리유 공간은 2005년 대규모 방리유 소요 사태의 언론보도로 우리에게도 낯설지 않은 공간이다.

중세 시대 도시 파리가 유지되도록 둘러싸고 있으면서 문명의 경계를 지었던 야만적인 숲 지대의 현대판 버전으로 비유되는 방리유는, 영화에서 타자성의 장소이다. 인종적 차이로 인해 소외와 차별을 당하는 집단을 각각 대표하는 세 청년을 '가두는' 공간이기도 하다. 오프닝 장면에 삽입된 다큐멘터리에서 보여주듯이, 이민 2세들과 경찰의 충돌로 폭동이 일어나며 무력이 행사되는 공간이다. 영화는 소요 후 다음 날 시작된다. 간밤의 사태로 불타버린 학교와 경찰서가 보이고, 이를 뒤로 한 채 세 청년은 자신들이 살고 있는 방리유를 떠나 파리 시내 안으로 진입해 돌아다녀 보지만 소원대로 여자들을 유혹하지도 못하고 갤러리에서도 쫓겨난다. 파리에서 이들을 기다리는 건 이유 없는 경찰검문과 엉뚱한 절도행각뿐이다. 결국 이들은 다시 방리유로 돌아와 최후를 맞이하는데 영화는 이 하룻밤 사이의 일과를 그려낸다.

■
가두는 공간, 타자성의 매혹

배제에 의해 소속감을 느끼는 타자들, 추방된 이방인의 세계를 바라보는 〈증오〉에서 감독 카소비츠는 명백히 방리유의 젊은이들 편에 서 있다. 이것이 가장 드러나는 지점으로서 우선 〈증오〉는 1993년 경찰서 내에서 총격으로 사망한 아프리카계 청년의 이름(Makome M'Bowle) 앞에 바쳐진 영화이다. 칸 수상 이후로도 〈증오〉는 일종의 청년 영화의 컬트로 평가받으면서, 현대 관객들로 하여금 이민자와 프랑스의 탈식민적 관계를 근본적으로 바라보게 만들었다. 이러한 영화의 성공이 이루어낸 여파는 다시금 작가와 소재주의에 관한 질문을 던져준다. 소외된 이민자 세대의 게토 문화를 여과 없이 보여주면서 친화

력을 내뿜는 카소비츠 감독의 작가적 입장이 과연 정당한가.

〈증오〉는 타자의 사회적 배제를 폭로하는 영화인가, 아니면 상품화하는 영화인가? 실제로 방리유 문화를 한 번도 접해보지 않은 중산층 백인감독이 방리유라는 타자화된 공간을 외부자의 시선으로 바라볼 때 진정성과 윤리의 문제가 대두될 수 있다. 사실 이 문제는 동시대의 비슷한 소외 지역에 카메라를 들이댄 〈마지막 수업(Etre et avoir, To Be and To Have)〉(2002) 같은 다큐멘터리 영화가 흥행에 성공하면서 막대한 수익을 올리게 되자 이를 둘러싸고 감독이 윤리적 문제와 소송에 휘말린 사건과도 맥락을 같이하는 현재적이고 지속적인 문제이다.

〈증오〉에 나타난 폭발 직전에 놓인 듯한 방리유의 위기의식은 관객에게 두 가지 반응을 유도한다. 즉 '바깥으로부터 가두어진 공간'

이라는 타자에 대한 인식을 재확인하는 지점에서의 안도("끔찍하지만 이곳이 아닌 저 너머의 일이다")와, 한편으로는 인종과 폭력, 그리고 매체를 둘러싸고 제기되는 타자에 대한 관객의 부끄러움과 책임의 촉발이라는 양 극단 사이에서 관객반응이 감지되는 것이다. 이러한 타자의 재현 방식에 문제를 제기하는 장면이 영화에 마침 등장한다. 매체에 의해 상투적으로 만들어지는 타자성의 이미지는 방송국 카메라맨들이 주인공들과 인터뷰를 시도하는 장면에서 자기반영적으로 이해될 수 있다. 방리유라는 타자의 공간에 들어오기를 거부하며 차에서 내리지도 않은 채 "여러분들도 어제 시위에 참여했나요?"라며 차창의 틈으로 마이크를 들이대며 묻는 질문에 대해 빈츠, 사이드 등은 돌을 던지며 "여긴 사파리가 아니야!"로 응수한다. 마치 텔레비전 생중계를 보는 듯이 연출된 이 장면은 다큐멘터리와 극영화의 변별점을 고의로 흐리게 만들면서—사이드가 던진 돌이 렌즈에 맞으면서 놀란 카메라맨으로 인해 촬영/실제 화면이 잠시 중단된다—이들이 '조작된' 미디어에 가지는 반감과 함께 〈증오〉가 이민자 사회를 이미지화하는 방식이 과연 이들을 동화되지 못하는 이방인으로 규정하려는 언론의 폭력적인 시선으로부터 자유로울 수 있는지 스스로 반문한다.

특히, 마르틴 뵈네(Martine Beugnet)는 극영화가 타자를 가시화하는 데 있어 다큐멘터리적인 속성에 가까이 가려고 하는 경향을 고찰하면서 이른바 '재현의 삼각관계—재현의 대상(즉, 〈증오〉가 보여주는 이민자 청년들의 모습), 감독, 그리고 관객—에 드러나는 불평등함' 속에

내재된 관음증과 환원주의를 경고하기도 한다. "왜 차에서 내리지 않는 거야? 밖으로 나와서 직접 말 걸지 않는 거지?"라는 이들의 질문 던지기는 이러한 매체와 타자의 관계, 그리고 그 안에 잠재적으로 존재하는 시선의 폭력적 요소야말로 타자가 재현될 때 고려해야 할 피할 수 없는 지점임을 말해준다.

이방인 청년들은 타자를 주류 매체의 시선 안에 가두려는 속성을 가진 매체의 '전체성'을 문제 삼고 있다. 이에 대하여 타자가 가진 타자성은 타자 고유의 것이라고 보는 레비나스(Emmanuel Levinas)의 사유에 기대어 위 장면에서의 '동화될 수 없는 타자들'에 대한 시선을 바라보고자 한다. 레비나스는 타자를 사회로부터 배제시키지 않으면서 주류사회에 동화되어야 할 대상으로도 보지 않는 지점에 윤리가 있다고 본다. 타자는 항상 주체의 인지 바깥에 존재하며 결코 나혹은 우리의 경험 세계 안으로 동일시될 수 없고 되어서도 안 된다고 하는 입장, 바로 타자의 외부성을 인정해야 한다고 보는 것이다. 즉디아스포라가 가지고 들어오는 타자문화의 타자성과 외부성을 인정하지 않는 전체라면 그 전체는 거부되어야 마땅하며, 이러한 전체성의 시스템을 구축하려는 매체의 속성이 곧 '체제의 폭력'으로 연결된다는 점을 상기하고자 한다. 따라서 레비나스는 매체의 시선이 가지는 전체성의 폭력을 멈추기 위해서 타자가 원래 지니고 있는 이러한 외부성을 돌아보기를 제안한다. 타자라고 하는 선험적 존재는 우리가 살고 있는 '집'에 먼저 와서 살고 있었던 자로서, 사실은 타자가 환대를 청하는 것이 아니라 우리가 타자에게 환대해야 할 빚을 지고 있다는 것이다.

현실적으로 불가능해 보이는 이러한 '집'과 타자의 관계는 자크 데리다(Jacques Derrida)의 환대의 아포리아와 맞닿아 있다. 〈증오〉에서는 파리와 이민자들의 관계로 묘사된다. 지긋지긋한 방리유를 벗어나 파리지앵들과 어울리고 싶지만 야만인 취급을 당하는 이민자 청년들의 부조화는 이미 주류사회 주권의 문을 두드리는 이민자 집단의 현실과, 2층 버스를 타고 파리 가까이 진입할수록 이들을 더욱 줌인하여 파리 바깥의 방리유 방향으로 끌어당기는 감독의 카메라에서 예견된다. 한편 레비나스에게서 타자의 외부성은 주체가 알 수 없는 곳, 즉 주체 바깥에 존재한다. 그러나 이 바깥은 배제가 아닌 오히려 '무한'의 영역이며 우리가 결코 파악할 수 없는 타자의 절대적 차이를 지칭한다. 우리는 타자를 알 수 없기에 그의 말에 귀 기울이고("왜 밖으로 나와서 직접 말 걸지 않는 거지?"), 원하고, 매혹당할 수 있는 존재라는 것이다.

■

환대와 열림의 사운드

〈증오〉의 디아스포라적 소통이 어떠한 해체적 열림의 가능성을 보여주는 부분은 카소비츠가 이민 2세 청년들의 게토 문화에 대한 매혹을 드러내는 지점이다. 이러한 순간에 영화는 동적이고 극적인 소리의 과잉으로 충만해 있다. 폐허가 된 상태로 드러나는 공간은 이들 특유의 빠른 잡담과 랩 음악으로 채워지며 자기들의 모국어인 아랍어에서 파생된 비속어가 난무하는 혼종성으로 공유된다. 파편화되고 거친 억양, 역동적인 음악은 시계의 째깍거림과 맞물려 금방이라도 넘칠 듯한 방리유의 에너지를 발산하는데, 이 순간들에서 체험되는 청각적 풍경은 비주얼적인 것을 압도한다. "이민자에게 디아스포라적 정체성을 환기시키는 가장 통렬한 영화적 장치들은 대부분 시각적 통로가 아닌 귀를 통해 촉감된다"(『An Accented Cinema』, Hamid Naficy, p.23-24. 모국의 풍경을 재현할 순 없지만 모국어와 억양, 음악을 통해 들리게 할 수 있다). 따라서 디아스포라 영화에서 "[사운드스케이프의 문제는] 사적이면서 정치적이고 경계를 짓는 문제"(「다인종, 다문화사회: 얼굴, 클로즈업, 괴물성」, 김소영, p.319)인 것이다.

이 물리적 감각의 세계에서 호스트 국가인 프랑스 문화의 전통은 부재하거나, 해체되어 이주자 문화 속으로 전이된다. 프랑스를 대표

하는 가수인 에디트 피아프(Edit Piaf)의 관조적 상송 「난 후회하지 않아(Je ne regretted rien)」를 힙합풍으로 재해석하여 다시금 방리유 출신의 아프리카계 이민자들로 구성된 랩 밴드 NTM의 「경찰을 소요하라(Nique la police)」의 비트 속으로 집어넣는 장면이 그러하다. 이 장면은 헬리콥터 안에서 언론보도 중인 새의 눈 시점으로 찍었기 때문에 시각적으로 수직적 느낌을 주고 있다. 이것이 레비나스가 말하는, 통제하고 동일시하는 전체성의 시선을 말해준다면 이러한 전체성의 시선을 빠져나가는 사운드적인 요소를 통해 일시적으로나마 위계를 이탈하는 가능성을 열어준다.

〈증오〉에서 환대의 서사적, 시각적 재현을 찾는 것은 일종의 한계를 드러낸다. 방리유 청년들의 부유하는 삶이 부모세대의 식민지 경험과 디아스포라적 이동의 결과물로서 존재함과 더불어, 이들에게 프랑스가 부끄러움과 책임이 있다는 인식이 카소비츠가 보여주는 게토 문화에 대한 매혹의 차원을 넘어서면 디아스포라적 소통은 더 이상 영화 속에서 드러나지 않는 것이다. 대신 이 문제를 보다 복합적이고 역동적으로 '느끼게' 해주는 장치로 사운드스케이프의 영역에서 관객의 귀를 열어주는 지점들이 위에서 살펴보았듯 〈증오〉에 존재한다는 것을 볼 수 있다. 이러한 장치로서 영화의 처음과 끝을 관통하며 이끌어가는 사운드는 시계의 강박적인 초침 소리이다. 초침은 매 시퀀스의 시작을 알려주며, 〈증오〉가 인종을 초월해 젊은 세대에게 어필하는 요인 중 하나였던 힙합적인 리듬을 완성하는 보조적 역할을 한다.

영화의 오프닝에 처음 등장하고 엔딩에서 다시 되풀이되는 '추락

하는 사람의 이야기'에 동반하는 음향도 바로 이 초침 소리이다. "50 층 고층 빌딩에서 떨어지는 어떤 사람의 이야기야. 한 층 한 층 추락 하면서 계속 자기에게 타일렀대. 아직까진 괜찮아, 아직까진 괜찮아. 추락하는 것은 중요하지 않아, 어떻게 착륙하느냐가 문제지." 이 대 사는 죽음으로써 출구 없는 삶을 마감하는 세 청년의 운명을 대변하 는 듯하지만 누구 입에서 나오는 것인지 알 수 없도록 검은 바탕화 면으로 처리되어 있다. 목소리와 초침으로 들리기만 하는 장면에서 관객으로 하여금 주체를 상상으로 채워 넣게 만든다.

■
'예술 영화'의 전형을 뛰어넘는 새로운 프랑스 작가 영화

〈증오〉는 강렬하고 거친 일차적 느낌과 달리, 명작의 미덕을 두루 갖춘 완성도 높은 작품이다. 특별히 이 영화를 주목하는 이유는 기

존 작가영화의 계보학이 우리의 기억 속에 심어놓은 프랑스 예술영화의 이미지를 쇄신하고 있기 때문이다. 유럽중심의 민족영화에 대한 학습과 감상의 세례를 받고 자라난 시네필들에게 있어서, 오늘날 생산적으로 펼쳐지고 있는 다양한 민족적, 인종적 배경을 가진 영화들의 유통은 그동안 '본토' 유럽영화에서 배제되었던 것들에 대해 관심을 갖게 해준다. 프랑스 영화도 이 점에서 예외가 아님을 '경계'의 재현을 위주로 하여 살펴보았다.

프랑스 작가영화의 타자성과 다문화 경향에 대한 연구는 현재 한국사회의 중요한 화두 중 하나에 맞닿아 있다. 재외 외국인, 이주 노동자, 탈북자, 새터민, 조선족 등 다양한 이름으로 불리면서 국경 너머에서 도래한 이방인을 어떻게 맞이해야 하는가를 둘러싸고 사회 전반에서 관심이 일고 있으며, 한국영화도 이러한 논의가 한창 진행 중인 것이다. 다만 한국 내 이민의 역사가 길지 않은 탓에 한국영화에서의 디아스포라는 주로 국내 '본토' 감독들에 의해 재현되고 있는 실정이다. 전 지구화와 노동 이주 등 물결 속에서 디아스포라의 진입은 더 가속화될 전망이다. 따라서 프랑스 영화에서 일어나고 있는 디아스포라 영화의 발전과 이 과정에서 나타나는 문제점을 주시함으로써, 한국에서도 디아스포라의 흐름이 시간과 세대를 거치며 언젠가는 단지 재현의 대상만이 아닌 주체로서, 한국 이주자 출신 또는 그 2세대 감독들의 작품을 보게 될 날이 도래할 것이라는 예측을 가능하게 한다. 이러한 다가올 미래의 영화들과 현재 제작되고 있는 '다문화' 영화들을 바라보는 시각에 대하여 지금의 프랑스 영화는 예전보다 우리에게 훨씬 더 가깝게 다가오고 있다.

이란-쿠르드 영화

정치적 분노로서의 시-이미지: 〈코뿔소의 계절〉

정치는 이란 영화에서 아킬레스건과도 같은 부분이었다. 검열과 제재로 얼룩진 현실 속에서 정치영화의 부재를 메꾸어온 것은 주로 상징이나 알레고리로서의 영화들이 아니었던가. 이란의 착한 아이들이 대체 어른으로 나오는 윤리적 우화로서의 영화, 즉 '차일드 시네마'가 대표적으로 그러했다. 〈천국의 아이들(Bacheha-ye Aseman, Children of Heaven)〉(1997) 같은 영화에서 주인공 소년의 책임감과 도

덕률은 어린아이답지 않았다. 우리는 그것이 어른의 몫을 대신하고 있음을 알면서 보는 것이다. 즉, 소년은 생활고와 스트레스로 울고 싶은 아빠를 대신해 '상징적으로' 눈물 흘리는 것이다. 여기에 압바스 키아로스타미(〈내 친구의 집은 어디인가〉) 등이 세워온 이란 네오리얼리즘의 전통 안에서, 현실을 보여주되 개입하지 않는 방식으로 이어져온 '내셔널' 알레고리로서의 영화들이 주로 예술영화적인 틀에서 이란의 이미지를 그려내기 시작했다. 그리고 90년대 이후 이러한 영화들이 해외 영화제를 중심으로 이란 예술영화의 첨병으로서 유통되기 시작하였다. 해외 비평가들, 그중에서도 특히 유럽의 영화시장에서 '발굴'된 이러한 이란 영화들의 보급을 통해, 우리에게 낯선 나라 이란의 이미지는 국제뉴스에 나오는 호전적인 이슬람 테러리스트 집단, 그리고 평화롭고도 아름다운 일상에 대한 통찰력을 보여주는 어린이 영화 사이에 놓인 두 극단의 간극 어디쯤에선가 형성되기 시작했던 것 같다.

최근 드물게도 정치적 이야기를 쏟아부었던 〈페르세폴리스(Persepolis)〉(2007)를 떠올릴 수도 있을 것이다. 하지만 이란의 근대화 과정에서 이란 혁명과 이란-이라크 전쟁에 이르기까지를 담은 이 영화는 고국을 떠난 프랑스 이민 출신 감독인 마르잔 사트라피(Marjane Satrapi)에 의해 이란 민족영화와는 무관한 맥락에서 만들어졌다. 오히려 현재의 사회상을 엿볼 수 있는 자국 영화로는 〈씨민과 나데르의 별거(Jodaeiye Nader az Simin, Nader and Simin, A separation)〉(2011)에 주목해볼 만하다. 이민을 원하는 신세대의 이혼과 소송을 다루는 과정에서 계급과 종교 등 동시대 이란의 모습이 드러나는 영화이다.

정부 검열과 정치적 발언 사이에서 접점을 찾는 〈씨민과 나데르의 별거〉 같은 영화의 노력에도 불구하고, 올해 아카데미상 외국어 영화상을 받은 이 영화의 수상기념 축하행사는 정부가 막아서는 바람에 열리지 못했다. 영화인에 대한 정부의 탄압은 〈써클(Dayereh, The Circle)〉(2000)을 연출한 자파르 파나히(Jafar Panahi) 감독 사태 이후 더 심해지고 있음을 볼 수 있다. 많은 이란의 감독들이 해외에서 영화를 만들고 있는 이유이기도 하다. 이러한 기후 속에서 바흐만 고바디 감독(Bahman Ghobadi)이 터키로 망명하여 완성한 〈코뿔소의 계절(Rhino Season)〉(2012)은 이란에서는 제작이 불가능했던 영화였으며, 이러한 사실 자체가 정치적 콘텍스트를 요구하는 영화이다.

쿠르드계 이란 감독인 고바디의 신작 〈코뿔소의 계절〉은 행동하는 시에 관한 영화이다. 쿠르드 시인의 시와 사랑, 그리고 초현실주의가 30년 동안의 정치적 감금이 빚어낸 여정을 거스르며 살아 숨 쉬고 있다. 기억과 현실, 상상과 실재를 오가는 〈코뿔소의 계절〉을 통해 이슬람 혁명의 후유증이 모습을 드러낸다. 말하자면, 이 영화는 이란 혁명의 금기에 도전하는 본격적인 정치영화이다. 이 거장의 영화는 이란 영화를 이해하는 익숙한 관습에 맞서면서, 정치적 고문과 폭력의 재현에서 우회하지 않으며 종교 이데올로기를 향해 발언을 던진다. 이 같은 이란 영화를 만나기는 아직도 쉽지 않은 일이다.

바흐만 고바디: 리얼리즘에서 초현실주의까지

바흐만 고바디는 차일드 시네마 전통에서 보이는 정치적 회피주의의 그늘을 벗어나야겠다는 의식을 가졌던 대표적인 신세대 감독이다. 그는 키아로스타미의 〈바람이 우리를 데려다 주리라(Bad ma ra Khahad bord, The Wind will carry us)〉(1999)에 조감독으로 참여했지만 스승처럼 고요한 영화를 만들 수는 없었다. 데뷔작 〈취한 말들을 위한 시간(A Time for Drunken Horses)〉(2000) 이래 총 여섯 편의 영화를 만든 그의 전작들을 보는 과정은 영화가 어떻게 전혀 다른 영토적 맥락에 대한 체험의식이 될 수 있는지에 대하여, 일종의 문화적 쇼크로 다가온다. 고바디 영화의 지형도는 외신이 간과하며 지도에도 나오지 않는 곳이자 아랍의 소수민족인 쿠르드족의 상상적 영토에 놓여 있다. 이란-이라크의 국경지대에 걸치고 있기에 어느 국가에서도 책임지려 하지 않는 쿠르드 거주지에 카메라를 들이대고 이곳이 국제정치의

지뢰밭—말 그대로이다. 〈거북이도 난다(Turtles Can Fly)〉(2004)에서 후세인이 걸프전 때 심은 지뢰로 뒤덮여 있는 마을 들판에서 쿠르드 아이들이 손으로 해체한 지뢰들은 미군에게 도로 팔린다—한복판임을 알린다.

고바디는 고향에서 목격한 전쟁과 쓰디쓴 생존에 만연한 모든 것들이 자신을 감독으로 만들었음을 고백해왔다. 실제로 전쟁이 보여주는 스펙터클과 즉물적 순간들은 고바디 영화의 소재일 뿐만 아니라 미학적 조건이기도 하다. 〈취한 말들을 위한 시간〉에서 〈고향의 노래(Marooned in Iraq)〉(2002), 〈거북이도 난다〉에 이르는 전쟁영화 시리즈를 통해 긴박하게 흘러가는 분쟁의 일상, 언제 터질지 모르는 포탄과 지뢰 등 가혹한 외부 현실을 마주하면서, 영화를 연출하는 방식에 있어서도 현실과 픽션 사이의 경계를 점점 무너뜨리는 전략을 구사하고 있는 것이다. 〈고향의 노래〉에서 난민촌 교사와 아이들은 공습을 위해 하늘을 나는 폭격기를 보면서 수업을 한다. "비행기는 두 가지 기능을 한단다. 하나는 사람을 이곳에서 저곳으로 실어 나르는 것이고, 또 하나는 폭탄을 떨어뜨리는 것이지. 귀 기울여 들어보렴, 누군가의 집이 파괴되는 소리가 들리지?" 삶의 잔인함이 유머와 뒤섞여 묻어나는 이 아이러니컬한 장면은 다큐멘터리에 가까운 언어로 포착되어 전쟁의 직접성과 실재성을 담보해내고 있다.

무엇보다 고바디의 아이들은 상징이나 알레고리로서가 아닌 실재하는 전쟁의 얼굴을 하고 있다. 〈취한 말들을 위한 시간〉의 다섯 남매에게 중요한 것은 죽은 부모도 전쟁도 아니다. 불구인 형의 수술비로 당장 밀수할 물건 값을 받기 위해 소년 아윱은 거의 불가능한 상황에서 자신의 극기와 한계를 시험한다. 시적으로 들리는 이 영화의 제목은 은유법이 아니라 실제로 말들에게 사람도 마실 수 없는 술을 먹여서 타이어를 실어야 하는 현실이다. 전문적인 배우를 단 한 명도 쓰지 않은 이 영화는 고바디가 현실에 개입하는 방식에 대해 많은 점을 시사해준다. 매복 기습이나 지뢰에 일상적으로 노출되어 있는 영화 속 아이들은 실제로 그렇게 살아가는 현실 속 아이들이 맡아서 연기했다. 게다가 주인공 아윱은 어려서 포탄에 아버지를 잃고 소년 가장으로 생계를 책임져야 했던 고바디 자신의 모습이기도 하다. "무엇보다 영화 그 자체가 그들[우리]의 현실이었다"고 말하면서 감독은 현실과 픽션 사이의 교란을 중첩시키고 이를 통해 동족의 참상이 더욱 압도적으로 다가오게 만든다.

삶과 영화 간의 간극을 좁히려는 이러한 시도들이 〈거북이도 난다〉에서부터 감소하기 시작하면서, 현실의 잔혹함이 오히려 초현실주의적 순간들로 옮겨가고 있는 것은 매우 징후적이었다(필자는 〈코뿔소의 계절〉을 〈거북이도 난다〉보다 먼저 보았다). 지뢰를 밟아 두 팔을 잃은 채 미래를 예견하는 소년, 날 수 없는 거북이, 빨간 금붕어의 죽음 등 비극의 이미지들 사이를 배회하는 영화 〈거북이도 난다〉에서 고바디는 분명 희망보다는 분노에 더 가까이 다가간다. 미국의 이라크 점령 직후에 만들어진 〈거북이도 난다〉는 1991년 걸프전 패배 후 사담 후세인이 이라크 내 쿠르드 거주지역에 폭격과 화학무기를 투척했던 시기를 담은 〈고향의 노래〉의 후속으로 제작되었다. 〈거북이도 난다〉는 후세인에 이어 이번에는 부시로부터 쏟아진 포화에 너덜너덜해진 이라크 국경의 쿠르드 거주지역을 배경으로 만들어졌다. 어린 시절을 잃어버린 소녀 아그린이 절벽 위에 올라가 죽음을 꿈꿀 때 영화는 절망의 최정상까지 올라가 거기서 멈추어버린다. 시적이면서도 초현실주의적인 영상은 고바디의 영화적 스타일에 근본적인 변화가 일어나고 있음과 동시에 〈코뿔소의 계절〉을 어느 정도 예견한다.

■
정치적 분노, 시─이미지

〈코뿔소의 계절〉은 30년이나 정치적으로 구금되었던 시인의 분노를 담고 있다. 그는 이 분노를 시를 통해서 쏟아낸다. 시─이미지로서의 영화. 고바디는 〈코뿔소의 계절〉에서 쿠르드족 시인 사데그 카망

가르가 쓴 시에 영상을 입혀낸다. 서사보다 시에 치중하는 파격적인 스타일을 시도하고 있는 이 영화의 유래는 실제로 이란의 이슬람혁명 당시 반혁명죄로 30년간 투옥되었던 카망가르의 실화에 바탕하고 있다. 카망가르의 딸이 구슬픈 페르시아어로 낭독하여 들려주는 시 구절들 사이로 영화 속 주인공인 사헬과 그의 아내 미나가 살아온 삶의 단편들이 삽입된다. 기억과 현실, 상상과 실재를 오가며 아물지 않은 상처들이 드러난다.

사헬은 살아 있지만 공식 기록에서는 지워진 죽은 자이다. 한때 쿠르드족 출신의 인기 시인이었지만 미나와 함께 이슬람혁명기에 체포되어 투옥되었다. 5년 후 풀려난 뒤 미나는 남편이 죽은 것으로 알고 교도소에서 낳은 아이들을 키우며 터키에서 살고 있다. 이야기는 30년 뒤 풀려난 사헬이 터키로 그들을 만나러 가는 데에서 시작한다. 과연 사헬이 과거와 현재를 끼워 맞출 수 있을 것인가를 둘러싸고 영화의 서스펜스가 만들어진다.

우선, 사헬의 기억 속에 제시되는 비극의 원인은 호메이니가 이끌었던 1979년의 이슬람혁명으로 인해 평화롭던 사헬 부부에게 불어닥친 불운이다. 창밖으로 보이는 혁명 데모대의 진열로부터 돌이 날아들고, 체포된 사헬이 정치와 관계없는 자신의 시에 대한 거짓 고백을 강요받는 동안 미나는 차도르로 얼굴을 가릴 것을 강요받는다. 그러나 영화에서 서서히 밝혀지는 진실을 통해 부부의 체포가 사실은 미나의 운전사이자 구체제의 군장교였던 미나 아버지를 배신한 부하였던 악바르에 의해 조종된 것이었음이 드러난다. 그는 부패한 이슬람

혁명군 간부가 되어 있다. 기억과 현재 사이의 이 불가해한 간극을 어떻게 메울 것인가.

　이 영화에서 가장 정치적인 메시지는 고바디의 미학적 자유로움이 그려내는 이미지의 힘이다. 고문으로 등이 딱딱해진 시인의 영감 속에서 등껍질이 뒤집힌 거북이들이 하늘에서 비처럼 떨어져 내린다. 그의 차창 안으로 문득 말 한 마리가 들어와 얼굴을 맞대기도 한다. 이 초현실적 장면들이 고바디의 전작 〈거북이도 난다〉와 〈취한 말들을 위한 시간〉에 대한 자기인용이자 이제는 돌아갈 데 없는 망명자의 자기반영임을 짐작하기란 어렵지 않다. 사헬과 미나의 재회는 미나가 사헬의 시를 등에 새겨주는 문신으로 대신한다. "경계에서 태어난 자는 나라를 세우는 자이다."

　살아 있으되 죽었다고 판정받은 사헬의 정체성이 쿠르드족의 영토 없음을 환유하고 있다면, 사헬 역을 맡은 베흐루즈 보수기

(Behrouz Vossoughi)가 이슬람혁명 이후 일체의 작품활동을 접었던 옛 이란의 국민배우였다는 사실 또한 영화와 상호맥락을 주고받는다. 30년 만의 침묵을 깨고 돌아온 배우가 연기하는 30년 정치 구금에서 석방된 시인의 주름살은 코뿔소의 그것처럼 메마르고 깊다. 〈코뿔소의 계절〉에서 시인의 분노에는 용서가 아닌 응징만이 있다. 비극의 원흉인 악바르를 죽이고서야 끝나는 복수극의 끝에 남는 것은 물속에 처박힌 채 죽어가는 동안 목격하게 되는 바로 그 익사한 코뿔소의 이미지이다.

■■

팔레스타인 영화

모두가 동의할 수 있는 정치영화는 없다,
그러므로 사적인 정치 영화 〈천국을 향하여〉와 〈오마르〉

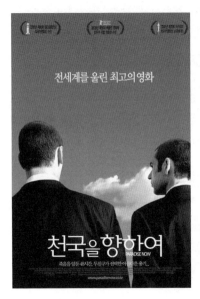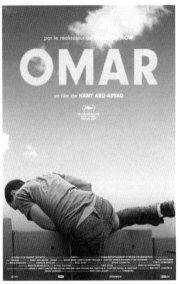

  이스라엘 영화의 거울 이미지로만 존재해온 팔레스타인 영화는 아
직도 자체만의 영토가 없이 부유하는 중이다. 그럼에도 이곳의 기나
긴 분쟁의 역사는 영화의 정체성을 위해 고군분투하는 새로운 감독

들을 적잖이 배출해왔다. 1990년대에 엘리아 술레이만이 〈실종의 연대기〉로 등장했을 때, 다큐와 픽션, 가족과 역사가 교차하는 뭔가 새로운 영화가 도래했다는 믿음이 있었다. 평단과 영화제로부터 주어진 호평 속에서 술레이만은 두 편의 장편 〈실종의 연대기〉, 〈신의 간섭〉으로 이스라엘─팔레스타인 분쟁지대에서 나오는 영화의 존재를 세계에 알리는 계기를 열어주었다. 비슷한 시기에 이스라엘에 비판적인 시각을 다루어 지금까지도 왕성히 활동하는 아모스 기타이도 주목을 받았다. 2000년대 초반, 이스라엘 감독 기타이의 〈케드마(Kedma)〉(2002)와 팔레스타인 감독 술레이만의 〈신의 간섭〉이 나란히 경쟁에 초청됐던 칸영화제를 기억할 수 있다. 하지만 그 자신 스스로 난민이었던 술레이만의 영화는 줄곧 이스라엘 영화로 유통되어오곤 했다. 팔레스타인이 국가가 아니라는 이유로 〈신의 간섭〉이 아카데미외국어영화상 후보에서 제외되었던 것은 유명한 일화이다.

술레이만이 7년 만에 내놓은 〈팔레스타인〉은 이스라엘이 나사렛을 점령한 1948년부터, 아버지의 독립운동 시절 인티파다를 거쳐 현재에 이르는 이야기를 쏟아부었다. 부모에 대한 기억, 자신의 경험을 토대로 다루며 친가족까지 등장시키는 〈실종의 연대기〉를 연상케하지만 역사와 시간의 무게가 한층 깊어진 수작이다. 〈팔레스타인〉은 분노나 적개심 대신 연민과 우울이 배어 있다. 그건 이 영화가 팔레스타인의 현실을 바라보는 눈과 동일시되면서, 창틀 너머로 바라보는 노모의 모습에 무장투사였던 아버지의 임종이 겹치는 순간 묘한 감흥을 일으킨다. 이러한 자기 성찰적 영화 만들기를 통해 술레이만은 날선 정치성보다는 제각기 다른 사정에 처해 있는 사람들을 다독거리고 일상의 페이소스에 다가서는 듯하다. 하지만 바로 그렇기 때문에 동일한 영토적 상황을 다루고 있음에도 불구하고 공정한 시선과 작품성으로 인정받아온 〈팔레스타인〉과 같은 영화들을 보다가 〈천국을 향하여(Paradise Now)〉(2005)나 〈오마르(Omar)〉(2013) 같은 하니 아부 아사드의 영화를 보고 있노라면 꽤 큰 차이가 느껴진다.

하니 아부 아사드 감독의 〈오마르〉는 전작인 〈천국을 향하여〉와 마찬가지로 영화가 아직 정립되지 않은 곳에서 왔지만 그 내면에는 이글거리는 힘을 간직하고 있다. 팔레스타인 제작비로 완성된 첫 번째 작품으로 기록되는 〈오마르〉는 테러 임무를 벌이는 젊은 세대의 초상이 그려낸 이야기가 '반폭력이 반드시 최선은 아니다'라는 날선 전투성으로 화하는 영화이다. 폭력의 이유를 설파하는 영화의 만듦새는 강하고 묵직하다. 다소 논쟁적 시선임에는 분명하지만, 전작인

〈천국을 향하여〉에서부터 〈오마르〉에 이르기까지 저항의 세대로 자라날 수밖에 없는 청춘에 관한 두 편의 연대기를 만들고 난 지금 하니 아부 아사드 감독은 팔레스타인 영화의 조건을 전 세계에 각인시킬 새로운 감독이 되었다.

현재 팔레스타인을 대표하는 두 감독임에도 불구하고 다소 긴장된 기대감을 일으키는 하니 아부 아사드는 술레이만과는 조금 다른 길을 걸을 것으로 보인다. 우선 술레이만의 영화는 정치적인 문제를 가벼운 농담처럼 그려낸 뒤 숨어 있는 현실에 대해 성찰하도록 만든다. 그 안에서 자유로운 개인과 통제하는 사회 간의 불협화음은 가자 지구의 분리장벽을 장대높이뛰기로 넘는 것과 같은 상징을 통해 영화의 지형도를 넘어서는 보편적인 울림을 가진다. 이러한 그의 웃음 안에는 카메라 바깥에 존재하는 증오, 테러, 체포, 고문, 학살 따위가 보이지 않게 묻어 있다면, 하니 아부 아사드의 영화는 이러한 폭력의 기록을 카메라 앵글 안으로 가지고 들어와서 우리를 불편하게 한다. 이로 이하여 〈천국을 향하여〉, 〈오마르〉와 같은 아사드의 영화는 중동문제에 대해 뭔가 휴머니즘적 영상을 기대한 관객들의 허를 찌르는 면이 있다. 현실 정치에 발언하려는 영화적 목적이 선명하기 때문이다. 아사드의 영화는 〈천국을 향하여〉와 〈오마르〉에서 삶과 죽음이 공존하는 전쟁 속 일상을 영위해야 하는 젊은 세대의 선택을 테러와 비밀경찰, 우정과 배신의 경계 안에 녹여낸다.

■

〈천국을 향하여〉에서 〈오마르〉까지, 테러범의 '얼굴'이 보고 싶다

모든 것은 일상화되어버린 테러의 '인간적인' 측면을 카메라에 담고 싶다는 바람에서 시작되었다. 테러리즘에 얼굴이 있다면 어떠한 모습일까. 흔히 자살 테러범이지만 팔레스타인 땅에서는 '자유의 전사'로 불리는 독립투사인 이들은 대체 어떤 인간인가. 이들의 극적인 감정 내면으로 들어갈 수 있는가. 하니 아부 아사드 감독은 〈천국을 향하여〉를 팔레스타인과 이스라엘이 실제로 대립하고 있는 서안 지구의 나블루스에서 찍었다. 이로 인해 제작진은 이스라엘 군대의 로켓이 바로 옆에서 터지는 광경을 봐야 했을 뿐 아니라, 이 영화가 친

이스라엘 영화라고 판단한 팔레스타인의 한 결사조직으로부터 위협을 받기도 했다. 결국 촬영은 나사렛으로 옮겨서 진행되었지만, 감독은 "나는 이 영화를 픽션으로 만들고 싶었지만, 동시에 리얼리티와 가까이하고 싶었다"고 말한다.

실제로 〈천국을 향하여〉는 리얼리티와 영화의 관계에 대해, 이처럼 극단적인 현실을 마주하고 있는 사람들에게 영화가 혹은 예술이 과연 무엇을 해줄 수 있는지 묻는 장면이 나온다. 어린 시절부터 함께 자라온 사이드와 할레드는 어느 날 비밀 결사조직으로부터 이스라엘의 공격에 대한 보복테러를 수행하게 될 전사로 선택받는다. 이들이 폭탄 벨트를 차고 텔아비브로 향하기 전날 밤, 이를 눈치 챈 수하는 사이드를 붙잡고 싶은 마음으로 고백과 설전을 주고받다가 문득 사이드에게 어떤 영화를 좋아하는지 묻는다. 영화를 본 적이 없기에 좋아하는 영화가 없다는 사이드의 대답은 수하에겐(그리고 관객에게도) 그저 놀라울 따름이지만, 사이드는 덤덤하게 말한다. "시위행진이 끝났을 때 극장이 있었다. 그래서 우리는 그곳을 불태웠을 뿐이다." 이 웃지 못할 장면이 던져주는 메시지는 사실은 현실과 예술의 싸움에서 현실을 예술의 우위에 두는 감독의 비전과 닮아 있다. 사이드에게 있어서 삶과 죽음이 공존하는 전쟁의 일상은 영화가 설명할 수 있는 차원이 아니다.

대신 극장이 없는 이 마을의 비디오대여점에서 잘나가는 것은 진열대에 빼곡히 꽂혀 있는 소위 '순교자'와 '반역자' 테이프들이다. 순교자 테이프는 자살 공격에 나서는 전사들이 출정에 앞서 굳은 의지를 드러내는 인터뷰가 들어 있고, 반역자 테이프에는 이스라엘에 협조한 배신한 끄나풀들을 처단하는 영상이 들어 있다. 가장 인기 있는 영상은 반역자를 잔인하게 처단하는 테이프들이다("반역자 테이프 두 개 빌리면 순교자 테이프 하나 무료 대여"). 이를 목격하는 수하는 그 자신이 다름 아닌 '순교자'로 불리는 자살테러범이었던 팔레스타인 영웅의 딸이기도 하다. 서구에서 교육받고 돌아와 부조리한 고향의 현실을 바라보는 수하의 시선은 이 영화의 관객으로서 우리가 가장 편안하게 감정 이입하면서 바라볼 수 있는 지점이다. "폭력은 폭력을 부를 뿐이다"라는 그녀의 비판은 이를테면 이 해결불가능한 지구의 화약고를 바라보는 여타 서구 비평가들의 시선과 크게 다르지 않다.

한편 〈오마르〉는 만일 사이드가 팔레스타인에 살아 있다면 벌어지게 될 이야기, 즉 〈천국을 향하여〉의 속편에 해당하는 영화이다. 테러범으로 쫓기며 살아가야 하는 20대 청년 오마르가 주인공이다. 그가 총알 세례를 무릅쓰고 넘는 기나긴 장벽으로부터 시작되는 이 영화는 처음부터 이러한 분리장벽이 서안 지구를 미로처럼 둘러치고 있는 광경을 펼쳐 보인다. 마을과 마을이 장벽에 가로막혀 오도가도 못하는 신세가 된 곳들의 풍경이다. 있을지도 모르는 테러의 발생 가능성을 낮춘다는 명분과 이곳 주민들에게 차별과 탄압의 원인이 되고 있음을 인정하는 것 중 어느 것이 더 중요할까. 소위 '고립장벽'으로 불리는 이 내부의 분리장벽에 대하여 분노하기는 쉬운 일일 것이다. 그러나 〈오마르〉는 쉽게 끓어오르지 않는 대신, 그 분노 안에서 비상을 꿈꾸는 오마르와 이러한 그를 옥죄어오는 이스라엘 비밀경

찰 간의 숨 막히는 숨바꼭질을 통해 그 바닥까지 내려가본다. 이 바
닥에는 전쟁 당사국이 아닌 바로 개인 대 개인이 놓여 있다.

　오마르는 어린 시절부터 친구인 타렉, 암자드와 함께 '자유의 투
사'가 되기 위해 이스라엘 부대를 공격하여 군인을 사살하는 현장에
가담한다. 하지만 계획은 탄로가 나고 그들은 발각되어 쫓기는 신세
가 된다. 그들 중 누군가가 비밀경찰의 첩자인 것이 분명하다. 이스
라엘 비밀경찰 요원인 라미는 군인을 사살한 범인이 타렉이라고 판
단하여, 오마르를 잡아들여 그에게 이중첩자가 될 것을 종용한다. 고
문과 협박, 설전 끝에 이중첩자가 되어 풀려난 오마르와 그를 믿고
풀어준 라미 사이의 관계는 팔레스타인과 이스라엘의 관계를 끊임없
이 반추하는 설정임에는 분명하다. 하지만 그럼에도 〈오마르〉는 일
방적인 선과 악의 문제로서가 아니라, 서로 다른 믿음과 당위를 가지
고 있는 자들 사이에서 드러날 수 있는 어떠한 성찰과 고민이 드러나
는 찰나를 외면하지 않는다. 라미가 가족과 통화하는 것을 오마르가
바라보는 장면이라든지, 오마르에게 권총의 사용법을 일러주는 라미
의 마지막 모습을 통해 이들이 국가와 정치라는 거대담론을 떠나서
그냥 개인으로 만났을 때 싸워야 할 이유를 발견하는 건 쉽지 않다
는 진실을 응시하고 있다.

■
누구의 편에 서 있는가를 보여주는 정치 영화

　궁극적으로 〈오마르〉와 〈천국을 향하여〉가 던지는 시선이 이러한 공정함의 시선을 경유하지만 끝내 어디로 향하는가가 중요하다. 〈천국을 향하여〉의 마지막은 텔아비브의 버스에 앉아 있는 사이드와 함께한다. 시한폭탄을 두르고 있는 그의 안전장치는 곧 터질 것이고 무고한 시민들은 죄없이 죽어갈 것이다. 〈오마르〉는 이중첩자가 그의 가장 가까운 친구인 암자드라는 사실이 드러나는 순간에 라미를 향한 방아쇠를 당긴다. 그럼에도 이 두 영화가 선동적인 프로파간다가 아닐 수 있는 이유는 이들이 이렇게 극단적인 판단에 이르는 과정을

가해와 피해의 갈등을 넘어서는 지점까지 보여주기 때문일 것이다. 시종일관 절대선도 절대악도 없는 아수라장에서 진실이란, 혹은 무엇이 옳고 그르냐를 따지는 문제의식은 무력하다. 이때 오로지 영화만이 할 수 있는 방법이 있다면 그것은 아사드 감독이 보기에는 사이드와 오마르의 내면으로 들어가는 것인 듯하다. 오마르는 조직에 대한 배신 때문에 방아쇠를 당기는가, 아니면 이러한 악의 연쇄고리를 끊고자 하는 것인가. 인간폭탄이 되어 있는 사이드는 지금 무슨 생각을 하는가. 그의 얼굴, 그리고 두 눈 사이의 미간으로 서서히 집요하게 파고드는 카메라의 클로즈업은 지금 이 순간 그의 내면을 보고 싶어 한다. 이 두 편의 영화는 무엇이 옳고 그르냐가 아니라 누구의 편에 서 있는가를 보여주면서 끝난다.

김소영, 「다인종, 다문화 사회: 얼굴, 클로즈업, 괴물성」, 『작가세계』 84호, p.308-322, 2010.

김호영, 『프랑스 영화의 이해』, 연극과 인간, 2008.

로랑스 스키파노, 이주현 옮김, 『이탈리아 영화사』, 동문선, 1995.

르네 프레달, 김길훈 · 김건 · 진영민 옮김, 『오늘날의 프랑스 영화』, 동문선, 2012.

앙드레 바쟁, 박상규 옮김, 『앙드레 바쟁의 영화란 무엇인가』, 시각과 언어, 1998.

앙마뉘엘 툴레, 김희균 옮김, 『영화의 탄생』, 시공사, 2012.

엠마누엘 레비나스, 양명수 옮김, 『윤리와 무한』, 다산글방, 2005.

자크 데리다, 남수인 옮김, 『환대에 대하여』, 동문선, 2004.

존 힐 · 파멜라 처치 깁슨, 안정효 · 최세민 · 안자영 옮김, 『세계영화연구』, 현암사, 2004.

크리스틴 톰슨 · 데이비드 보드웰, HS Media 번역팀 옮김, 『세계영화사』, HS Media, 2011.

피종호 외, 『유럽 영화예술』, 한울 아카데미, 2003.

Austin, Guy, *Algerian National Cinema*, Manchester: Manchester University Press, 2012.

_____, *Stars in Modern French Film*, London: Arnold, 2003.

Beugnet, Martine, "Nouveau Réalisme et politique de l'anti-spectacle", *French*

Studies, 57:3, p.349-366, 2003.

Chauville, Christophe, *Dictionnaire du jeune cinéma français*, Paris: Editions Scope, 1998.

Dardenne, Luc, *Au dos de nos image 1991-2005*, Paris: Seuil, 2005.

Dehée, Yannick, *Mythologies politiques du cinéma français 1960-2000*, Paris: Presses Universitaires de France, 2000.

Derrida, Jacques, *The Politics of Friendship*, London & NY: Verso, 2005.

Dyer, Richard, "Italian Cinema", in Pam Cook and Mieke Bernink(eds), *The Cinema Book*, London: British Film Institute, P.76-80, 1999.

Grandena, Florian, *Showing the World to the World: Political Fictions in French Cinema of the 1990s and early 2000s*, Newcastle: Cambridge Scholars Publishing, 2008.

Gunning, Tom, "The Cinema of Attractions: Early Film, Its Spectator and the Avant-Garde", *Wide Angle*, 8:3, 1986.

Marie, Michel, *Le Jeune cinéma français*, Paris: Nathan, 1998.

O'Shaughnessy, Martin, *The New Face of Political Cinema: Commitment in French Film since 1995*, New York&Oxford: Berghahn, 2007.

Powrie, Phil, *French Cinema in the 1980s*, Oxford&New York: Oxford University Press, 1997.

_____, *French Cinema in the 1990s*, Oxford&New York: Oxford University Press, 1999.

Prédal, René, *Le jeune cinéma français*, Paris: Nathan, 2002.

Rees-Roberts, Nick, *French Queer Cinema*, Edinburgh: Edinburgh University Press, 2008.

Shafik, Viola, *Arab Cinema: History and Cultural Identity*, Cairo: The American University in Cairo Press, 2003.

Shaheen, Jack, *Real Bad Arabs: How Hollywood Vilifies a People*, Massachusetts: Olive Branch Press, 2001.

Solanas, Fernando and Octavio Gettino, "Towards a Third Cinema", In Robert Stam and Toby Miller(eds) *Film and Theory: An Anthology*, Malden: Blackwell, p.265-286, 2000.

Spaas, Lieve, *The Francophone film: a struggle for identity*, Manchester: Manchester University Press, 2000.

Tarr, Carrie, *Reframing difference: Beur and Banlieue Filmmaking in France*, Manchester: Manchester University Press, 2005.

Trémois, Claude-Marie, *Les enfants de la liberté: le jeune cinéma français des années 90*, Paris: Seuil, 1997.

Hayward, Susan and Ginette Vincendeau, *French Film: Texts and Contexts*, London&New York: Routledge, 2000.

Vincendeau, Ginnette, *Stars and Stardom in French Cinema*, London: Continuum, 2006.

더 보고 싶은 독자를 위한 필모그래피

〈**가장 따뜻한 색, 블루**(La Vie d'Adèle, Blue Is the Warmest Colour)〉
멜로 드라마 · 로맨스 | 프랑스 | 2014년
감독 : 압델라티프 케시시(Abdellatif Kechiche)
주연 : 레아 세이두(Léa Seydoux), 아델 엑사르쇼폴로스(Adèle Exarchopoulos)

〈**가족의 친구**(L'amico di famiglia, The Family Friend)〉
드라마 | 이탈리아 | 2006년
감독 : 파올로 소렌티노(Paolo Sorrentino)
주연 : 파브리지오 벤티보글리오(Fabrizio Bentivoglio), 루이자 드 산티스(Luisa De Santis), 마
르코 지아리니(Marco Giallini)

〈**갈릴리에서의 결혼**(Urs Al Jalil, A Wedding in Galilee)〉
드라마 | 이스라엘 · 프랑스 · 벨기에 | 1987년
감독 : 미셸 클레이피(Michel Khleifi)
주연 : 모하마드 알리엘 마클리(Mohamad Ali El Akili), 부샤라 카라만(Bushra Karaman)

〈**거북이도 난다**(Lakposhtha hâm parvaz mikonand, Turtles Can Fly)〉
전쟁 드라마 | 프랑스 · 이라크 · 이란 | 2004년
감독 : 바흐만 고바디(Bahman Ghobadi)
주연 : 소란 에브라힘(Soran Ebrahim), 아바즈 라티프(Avaz Latif), 사담 호세인 페이살
(Saddam Hossein Feysal)

〈**국외자들**(Bande à part, Band of Outsiders)〉
범죄 드라마 | 프랑스 | 1964년
감독 : 장 뤽 고다르(Jean-Luc Godard)
주연 : 안나 카리나(Anna Karina), 다니엘 지라드(Danièle Girard), 루이사 콜펜(Louisa Colpeyn)

〈고모라(Gomorra, Gomorrah)〉
범죄 드라마 | 이탈리아 | 2008년
감독 : 마테오 가로네(Matteo Garrone)
주연 : 토니 세르빌로(Toni Servillo), 지안펠리스 임파라토(Gianfelice Imparato), 마리아 나지
오날레(Maria Nazionale), 살바토레 칸탈루포(Salvatore Cantalupo)

〈그레이트 뷰티(La Grande Bellezza, The Great Beauty)〉
드라마 | 이탈리아 · 프랑스 | 2013년
감독 : 파올로 소렌티노(Paolo Sorrentino)
주연 : 토니 세르빌로(Toni Servillo), 사브리나 페릴리(Sabrina Ferilli), 세레나 그란디(Serena
Grandi), 이사벨라 페라리(Isabella Ferrari)

〈그리고 신은 여자를 창조했다(Et Dieu… créa la femme, And God Created Woman)〉
드라마 | 프랑스 · 이탈리아 | 1956년
감독 : 로저 바딤(Roger Vadim)
주연 : 브리지트 바르도(Brigitte Bardot), 쿠르트 위르겐스(Curd Jürgens), 장 루이 트렝티냥
(Jean-Louis Trintignant)

〈길(La Strada)〉
드라마 | 이탈리아 | 1954년
감독 : 페데리코 펠리니(Federico Fellini)
주연 : 앤소니 퀸(Anthony Quinn), 줄리에타 마시나(Giulietta Masina)

〈나의 일기(Caro Diario, Dear Diary)〉
코미디 | 이탈리아 | 1993
감독 : 난니 모레티(Nanni Moretti)
주연 : 난니 모레티(Nanni Moretti), 제니퍼 빌즈(Jennifer Beals), 레나토 카펜티에리(Renato
Carpentieri)

〈나쁜 피(Mauvais Sang, The Night Is Young)〉
범죄 · 멜로 드라마 · 로맨스 · 스릴러 | 프랑스 | 1986년

감독 : 레오스 카락스(Leos Carax)
주연 : 드니 라방(Denis Lavant), 줄리엣 비노쉬(Juliette Binoche), 미셸 피콜리(Michel Piccoli)

〈내 친구의 집은 어디인가?(Khane-ye doust kodjast?, Where is the Friend's Home?)〉
드라마 | 이란 | 1987년
감독 : 압바스 키아로스타미(Abbas Kiarostami)
주연 : 바하크 아마드 푸(Babek Ahmed Poor), 아마드 아마드 푸(Ahmed Ahmed Poor)

〈네 멋대로 해라(A bout de souffle, breathless)〉
범죄 · 멜로 드라마 · 로맨스 · 스릴러 | 프랑스 | 1959년
감독 : 장 뤽 고다르(Jean-Luc Godard)
주연 : 장-폴 벨몽도(Jean-Paul Belmondo), 진 세버그(Jean Seberg), 장-피에르 멜빌(Jean-Pierre Melville)

〈니키타(Nikita)〉
액션 · 멜로 드라마 · 로맨스 · 스릴러 | 프랑스 · 이탈리아 | 1990년
감독 : 뤽 베송(Luc Besson)
주연 : 안느 빠릴로(Anne Parillaud), 장-위그 앙글라드(Jean-Hugues Anglade), 체키 카료 (Tchéky Karyo)

〈달콤한 인생(La Dolce Vita)〉
드라마 | 이탈리아 · 프랑스 | 1960년
감독 : 페데리코 펠리니(Federico Fellini)
주연 : 마르첼로 마스트로얀니(Marcello Mastroianni), 아니타 엑베리(Anita Ekberg), 아누크 에메(Anouk Aimée)

〈델리카트슨 사람들(Delicatessen)〉
코미디 · 판타지 | 프랑스 | 1991년
감독 : 장 피에르 주네(Jean-Pierre Jeunet), 마크 카로(Marc Caro)
주연 : 도미니크 피농(Dominique Pinon), 마리-로르 두냐크(Marie-Laure Dougnac), 장 클로드 드레이퍼스(Jean-Claude Dreyfus), 까랭 비야(Karin Viard)

〈**동정없는 세상**(Un monde sans pitié, A World Without Pity)〉
코미디 · 멜로 드라마 · 로맨스 | 프랑스 | 1989년
감독 : 에릭 로샹(Eric Rochant)
주연 : 미레이유 뻬리에(Mireille Perrier), 이뽈리뜨 지라르도(Hippolyte Girardot)

〈**디바**(Diva)〉
미스터리 · 멜로 드라마 · 로맨스 | 프랑스 | 1981년
감독 : 장 자크 베넥스(Jean-Jacques Beineix)
주연 : 프레데릭 안드레이 (Frédéric Andréi), 리샤 보랭제(Richard Bohringer), 윌헬메니아 페
        르난데스(Wilhelmenia Fernandez)

〈**로마, 무방비 도시**(Roma, Città Aperta, Open City)〉
전쟁 드라마 | 이탈리아 | 1945년
감독 : 로베르토 로셀리니(Roberto Rossellini)
주연 : 마르셸로 파글리에로(Marcello Pagliero), 알도 파브리지(Aldo Fabrizi), 안나 마냐니(Anna
        Magnani)

〈**로제타**(Rosetta)〉
드라마 | 프랑스 · 벨기에 | 1999년
감독 : 장-피에르 다르덴(Jean-Pierre Dardenne), 뤽 다르덴(Luc Dardenne)
주연 : 에밀리 드켄(Émilie Dequenne), 파브리지오 롱기온(Fabrizio Rongione), 올리비에 구르
        메(Olivier Gourmet)

〈**루트비히 2세**(Ludwig)〉
멜로 · 전쟁 드라마 · 로맨스 | 이탈리아 · 프랑스 | 1972년
감독 : 루키노 비스콘티(Luchino Visconti)
주연 : 버트 랭카스터(Burt Lancaster), 클라우디아 카르디날레(Claudia Cardinale), 알랭 드롱
        (Alain Delon)

〈**리플리**(The Talented Mr. Ripley)〉
스릴러 · 범죄 드라마 | 미국 | 1999년

감독 : 안소니 밍겔라(Anthony Minghella)

주연 : 맷 데이먼(Matt Damon), 기네스 팰트로(Gwyneth Paltrow), 주드 로(Jude Law), 케이트 블란쳇(Cate Blanchett)

〈마농의 샘(Manon des sources, Manon of the Spring)〉

드라마 | 스위스 · 프랑스 · 이탈리아 | 1986년

감독 : 끌로드 베리(Claude Berri)

주연 : 다니엘 오떼유(Daniel Auteuil), 엠마뉴엘 베아르(Emmanuelle Béart), 이브 몽땅(Yves Montand)

〈몽상가들(The Dreamers)〉

드라마 | 영국 · 프랑스 · 이탈리아 | 2003년

감독 : 베르나르도 베르톨루치(Bernardo Bertolucci)

주연 : 마이클 피트(Michael Pitt), 에바 그린(Eva Green), 루이스 가렐(Louis Garrel)

〈미이라(al-Mumya', The Mummy)〉

역사 드라마 | 이집트 | 1969년

감독 : 차디 압델살람(Chadi Abdelssalam)

주연 : 아메드 마레이(Ahmed Marei), 아마드 헤가지(Ahmad Hegazi)

〈밤(La Note, The Night)〉

드라마 | 이탈리아 · 프랑스 | 1961년

감독 : 미켈란젤로 안토니오니(Michelangelo Antonioni)

주연 : 마르첼로 마스트로얀니(Marcello Mastroianni), 모니카 비티(Monica Vitti), 잔느 모로 (Jeanne Moreau)

〈밴드 비지트-어느 악단의 조용한 방문(Bikur Ha-Tizmoret, The Band's Visit)〉

코미디 · 드라마 | 프랑스 · 이스라엘 · 미국 | 2007년

감독 : 에란 코릴린(Eran Kolirin)

주연 : 새슨 가바이(Sasson Gabai), 로니트 엘카베츠(Ronit Elkabetz), 살레흐 바크리(Saleh Bakri)

〈베니스에서의 죽음(Morte a Venezia, Death in Venice)〉
드라마 | 이탈리아 · 프랑스 | 1971년
감독 : 루키노 비스콘티(Luchino Visconti)
주연 : 더크 보가드(Dirk Bogarde), 로몰로 발리(Romolo Valli), 마크 번스(Mark Burns)

〈베티 블루(37.2 Le Matin, Betty Blue)〉
로맨스 · 멜로 드라마 | 프랑스 | 1986년
감독 : 장 자크 베넥스(Jean-Jacques Beineix)
주연 : 장-위그 앙글라드(Jean-Hugues Anglade), 베아트리체 달(Béatrice Dalle)

〈불안은 영혼을 잠식한다(Angst essen Seele auf, Ali : Fear Eats the Soul)〉
로맨스 · 멜로 드라마 | 독일 | 1973년
감독 : 라이너 베르너 파스빈더(Rainer Werner Fassbinder)
주연 : 엘 헤디 벤 살렘(El Hedi ben Salem), 브리기테 미라(Brigitte Mira)

〈불의 연대기(Ahdat Sanawouach el-Djamr, Chroniques des annés de braises, Chronicle of
    the years of ember)〉
전쟁 드라마 | 알제리 | 1975년
감독 : 모하메드 라크다르 하미나(Mohammed Lakhdar-Hamina)
주연 : 모하메드 라크다르 하미나, 레일라 셰나(Leila Shenna)

〈사랑과 경멸(Le Mépris, The Contempt)〉
드라마 | 프랑스 · 이탈리아 | 1963년
감독 : 장 뤽 고다르(Jean-Luc Godard)
주연 : 브리지트 바르도(Brigitte Bardot), 미셸 피콜리(Michel Piccoli)

〈사랑의 결과(Le conseguenze dell'amore, The Consequences of Love)〉
범죄 · 멜로 드라마 · 로맨스 | 이탈리아 | 2004년
감독 : 파올로 소렌티노(Paolo Sorrentino)
주연 : 토니 세르빌로(Toni Servillo), 올리비아 마그나니(Olivia Magnani)

〈사무라이 : 한밤의 암살자(Le Samouraï, The Godson)〉
범죄 드라마 · 스릴러 | 프랑스 · 이탈리아 | 1976년
감독 : 장-피에르 멜빌(Jean-Pierre Melville)
주연 : 알랭 드롱(Alain Delon), 나탈리 드롱(Nathalie Delon), 자크 르로이(Jacques Leroy)

〈400번의 구타(Les quatre cents coups, The 400 Blows)〉
성장 드라마 | 프랑스 | 1959년
감독 : 프랑수아 트뤼포(François Truffaut)
주연 : 장 피에르 레오(Jean-Pierre Leaud), 클레어 모리에르(Claire Maurier), 알베르 레미(Albert Rémy)

〈석양의 무법자(Il buono, il brutto, il cattivo The Good, the Bad and the Ugly)〉
서부극 · 액션 · 어드벤처 | 이탈리아 · 스페인 · 서독 | 1966년
감독 : 세르지오 레오네(Sergio Leone)
주연 : 클린트 이스트우드(Clint Eastwood), 엘리 월러치(Eli Wallach), 리 반 클리프(Lee Van Cleef)

〈생선 쿠스쿠스(La Graine et le mulet, The Secret of the Grain)〉
드라마 | 프랑스 | 2007년
감독 : 압델라티프 케시시(Abdellatif Kechiche)
주연 : 하비브 보파레스(Habib Boufares), 합시아 헤지(Hafsia Herzi)

〈센소(Senso)〉
시대극 · 로맨스 · 멜로드라마 | 이탈리아 | 1954년
감독 : 루키노 비스콘티(Luchino Visconti)
주연 : 아리다 발리(Alida Valli), 팔리 그레인저(Farley Granger), 헤인즈 무그(Heinz Moog), 리나 모렐리(Rina Morelli)

〈소년 소녀를 만나다(Boy meets girl)〉
드라마 | 프랑스 | 1984년
감독 : 레오스 카락스(Leos Carax)

주연 : 드니 라방(Denis Lavant), 미레이유 뻬리에(Mireille Perrier)

〈속 황야의 무법자(Per qualche dollaro in più For a Few Dollars More, 1965)〉
서부극 · 액션 · 범죄 드라마 | 이탈리아 · 스페인 · 서독 | 1965년
감독 : 세르지오 레오네(Sergio Leone)
주연 : 클린트 이스트우드(Clint Eastwood), 리 반 클리프(Lee Van Cleef), 지안 마리아 볼론테
(Gian Maria Volontè)

〈쉘부르의 우산(Les Parapluies de Cherbourg, The Umbrellas of Cherbourg)〉
뮤지컬 · 로맨스 · 멜로 드라마 | 프랑스 · 독일 | 1964년
감독 : 자크 드미(Jacques Demy)
주연 : 까뜨린느 드뇌브(Catherine Deneuve), 니노 카스텔누오보(Nino Castelnuovo), 안느 베
농 (Anne Vernon), 마크 미셸(Marc Michel)

〈스완의 사랑(Un amour de Swann, Swann in Love)〉
시대극 드라마 | 프랑스 | 1984년
감독 : 폴커 쉴렌도르프(Volker Schlöndorff)
주연 : 제레미 아이언스(Jeremy Irons), 오르넬라 뮤티(Ornella Muti), 알랭 드롱(Alain Delon),
화니 아르당(Fanny Ardant)

〈시네마 천국(Cinema Paradiso)〉
로맨스 · 멜로 드라마 | 프랑스 · 이탈리아 | 1989년
감독 : 주세페 토르나토레(Giuseppe Tornatore)
주연 : 자끄 페렝(Jacques Perrin), 살바토레 카시오(Salvatore Cascio), 필립 느와레(Philippe
Noiret)

〈신의 간섭(Divine Intervention)〉
전쟁 · 멜로 드라마 · 로맨스 | 독일 · 모로코 · 프랑스 · 팔레스타인 | 2002년
감독 : 엘리아 술레이만(Elia Suleiman)
주연 : 엘리아 술레이만, 마날 카데르(Manal Khader), 조지 이브라힘(George Ibrahim), 아머
다허(Amer Daher)

〈13구역(Banlieue 13, 13th District)〉
액션 · 공상과학 | 프랑스 | 2004년
감독 : 피에르 모렐(Pierre Morel)
주연 : 시릴 라파엘리(Cyril Raffaelli), 데이빗 벨(David Belle)

〈서브웨이(Subway)〉
범죄 · 드라마 | 프랑스 | 1985년
감독 : 뤽 베송(Luc Besson)
주연 : 장 르노(Jean Reno), 크리스토퍼 램버트(Christopher Lambert), 이자벨 아자니(Isabelle
        Adjani), 장-위그 앙글라드(Jean-Hugues Anglade)

〈씨민과 나데르의 별거(Jodaeiye Nader az Simin, Nader and Simin, A Separation)〉
드라마 | 이란 | 2011년
감독 : 아쉬가르 파르하디(Asghar Farhadi)
주연 : 레일라 하타미(Leila Hatami), 페이만 모아디(Peyman Moaadi), 사리나 파르허디(Sarina
        Farhadi)

〈아들의 방(La Stanza del figlio, The Son's Room)〉
가족 드라마 | 이탈리아 | 2001년
감독 : 난니 모레티(Nanni Moretti)
주연 : 난니 모레티, 로라 모란테(Laura Morante), 야스민 트린카(Jasmine Trinca), 쥬세페 산펠
        리체(Giuseppe Sanfelice)

〈아멜리에(Amélie)〉
코미디 · 로맨스 · 멜로 드라마 | 프랑스 · 독일 | 2001년
감독 : 장 피에르 주네(Jean-Pierre Jeunet)
주연 : 오드리 토투(Audrey Tautou), 마티유 카소비츠(Mathieu Kassovitz), 뤼퓌(Rufus), 로렐라
        크라보타(Lorella Cravotta)

〈아순타 스피나(Assunta Spina)〉
드라마 | 이탈리아 | 2015년

감독 : 프란체스카 베르티니(Francesca Bertini), 구스타보 세레나(Gustavo Serena)
주연 : 프란체스카 베르티니, 구스타보 세레나, 카를로 베네티(Carlo Benetti)

〈알렉산드리아, 왜?(Iskandariyah… lih?, Alexandria… Why?)〉
드라마 | 알제리 · 이집트 | 1978년
감독 : 유세프 샤힌(Youssef Chahine)
주연 : 마무드 엘 메리기(Mahmoud El-Meliguy), 아메드 자키(Ahmed Zaki), 나글라 파티
      (Naglaa Fathy), 파리드 쇼키(Farid Shawqi)

〈알제리 전투(La Bataille d'Alger, The Battle of Algiers)〉
전쟁 드라마 | 알제리 · 이탈리아 | 1966년
감독 : 질로 폰테코르보(Gillo Pontecorvo)
주연 : 브레힘 하쟈드(Brahim Hadjadj), 장 마틴(Jean Martin), 야세프 사디(Yacef Saadi)

〈야쿠비안 빌딩(Omarat yakobean, The Yacoubian Building)〉
드라마 | 이집트 | 2006년
감독 : 마르완 하마드(Marwan Hamed)
주연 : 아델 이맘(Adel Imam), 누르 엘-셰리프(Nour El-Sherif), 유세라(Youssra)

〈약속(La Promesse, The Promise)〉
드라마 | 벨기에 · 프랑스 · 룩셈부르크 | 1996년
감독 : 장-피에르 다르덴(Jean-Pierre Dardenne), 뤽 다르덴(Luc Dardenne)
주연 : 제레미 레니에(Jérémie Renier), 올리비에 구르메(Olivier Gourmet), 아시타 우에드라고
      (Assita Ouedraogo)

〈언터처블 : 1%의 우정(Intouchables, Untouchable)〉
코미디 · 드라마 | 프랑스 | 2011년
감독 : 올리비에르 나카체(Olivier Nakache), 에릭 톨레다노(Eric Toledano)
주연 : 프랑수아 클뤼제(François Cluzet), 오마 사이(Omar Sy)

〈영광의 날들(Indigènes, Days of Glory)〉
전쟁 드라마 | 프랑스 · 알제리 · 모로코 · 벨기에 | 2006년
감독 : 라시드 부샤렙(Rachid Bouchareb)
주연 : 자멜 드부즈(Jamel Debbouze), 새미 나세리(Samy Naceri), 로쉬디 젬(Roschdy Zem), 사
　　　미 부아질라(Sami Bouajila)

〈영원과 하루(Mia aioniotita kai mia mera, Eternity and a Day)〉
드라마 | 프랑스 · 그리스 · 이탈리아 | 1998년
감독 : 테오 앙겔로풀로스(Theo Angelopoulos)
주연 : 브루노 간츠(Bruno Ganz), 이자벨 르노(Isabelle Renauld), 파브리지오 벤티보글리오
　　　(Fabrizio Bentivoglio), 아칠레아스 스케비스(Achileas Skevis)

〈오마르(Omar)〉
스릴러 · 드라마 | 팔레스타인 | 2013년
감독 : 하니 아부-아사드(Hany Abu-Assad)
주연 : 아담 바크리(Adam Bakri), 림 루바니(Leem Lubany), 이야드 후라니(Iyad Hoorani), 사메
　　　르 비스하랏(Samer Bisharat)

〈에체 봄보(Ecce Bombo)〉
코미디 | 이탈리아 | 1978년
감독 : 난니 모레티(Nanni Moretti)
주연 : 난니 모레티, 수잔나 자비콜리(Susanna Javicoli), 글로코 마우리(Glauco Mauri)

〈의식(La Cérémonie, A judgement in stone)〉
범죄 드라마 · 스릴러 | 독일 · 프랑스 | 1995년
감독 : 클로드 샤브롤(Claude Chabrol)
주연 : 이자벨 위페르(Isabelle Huppert), 상드린 보네르(Sandrine Bonnaire), 장-피에르 카셀
　　　(Jean-Pierre Cassel), 재클린 비셋(Jacqueline Bisset)

〈인력자원부(Ressources Humaines, Human Resources)〉
드라마 | 프랑스 · 영국 | 1999년

감독 : 로랑 캉테(Laurent Cantet)

주연 : 자릴 레스페르(Jalil Lespert), 장 클로드 발로(Jean-Claude Vallod), 샹탈 바레(Chantal Barré)

〈**인생은 아름다워**(La vita è bella, Life Is Beautiful)〉

코미디 · 전쟁 드라마 | 이탈리아 | 1997년

감독 : 로베르토 베니니(Roberto Benigni)

주연 : 로베르토 베니니, 니콜레타 브라시(Nicoletta Braschi), 조르조 칸타리니(Giorgio Cantarini), 귀스티노 두라노(Giustino Durano)

〈**일 디보**(Il Divo)〉

드라마 | 이탈리아 · 프랑스 | 2008년

감독 : 파올로 소렌티노(Paolo Sorrentino)

주연 : 토니 세르빌로(Toni Servillo), 안나 보나이우토(Anna Bonaiuto), 줄리오 보세티(Giulio Bosetti), 플라비오 부치(Flavio Bucci)

〈**일식**(L'eclisse, The Eclipse)〉

로맨스 · 멜로 드라마 | 이탈리아 · 프랑스 | 1962년

감독 : 미켈란젤로 안토니오니(Michelangelo Antonioni)

주연 : 프란시스코 레이벌(Francisco Rabal), 알랭 드롱(Alain Delon), 모니카 비티(Monica Vitti)

〈**일 포스티노**(Il Postino : The Postman)〉

로맨스 · 멜로 드라마 | 이탈리아 | 1994년

감독 : 마이클 래드포드(Michael Radford)

주연 : 필립 느와레(Philippe Noiret), 마씨모 트로이시(Massimo Troisi), 마리아 그라찌아 꾸치노타(Maria Grazia Cucinotta)

〈**잃어버린 아이들의 도시**(La cité des enfants perdus, The City of Lost Children)〉

판타지 · 공상 과학 · 코미디 | 프랑스 · 독일 · 스페인 | 1995년

감독 : 장 피에르 주네(Jean-Pierre Jeunet), 마크 카로(Marc Caro)

주연 : 론 펄먼(Ron Perlman), 대니얼 에밀폭(Daniel Emilfork), 주디트 비테(Judith Vittet)

⟨자전거 도둑(Ladri di biciclette, The Bicycle Thief)⟩
드라마 | 이탈리아 | 1948년
감독 : 비토리오 데 시카(Vittorio De Sica)
주연 : 람베르토 마지오라니(Lamberto Maggiorani), 엔조 스타이오라(Enzo Staiola), 리아넬라
　　　카렐(Lianella Carell)

⟨작은 병정(Le Petit Soldat, The Little Soldier)⟩
전쟁 드라마 | 프랑스 | 1960년
감독 : 장 뤽 고다르(Jean-Luc Godard)
주연 : 미셸 쉬보르(Michel Subor), 안나 카리나(Anna Karina)

⟨정사(L'avventura, The Adventure)⟩
미스터리 | 이탈리아 | 1960년
감독 : 미켈란젤로 안토니오니(Michelangelo Antonioni)
주연 : 가브리엘르 페르제티(Gabriele Ferzetti), 모니카 비티(Monica Vitti), 레아 마사리(Lea
　　　Massari), 지오반니 페트루치(Giovanni Petrucci)

⟨증오(La Haine, Hate)⟩
범죄 드라마 | 프랑스 | 1995년
감독 : 마티유 카소비츠(Mathieu Kassovitz)
주연 : 뱅상 카셀(Vincent Cassel), 위베르 쿤데(Hubert Koundé), 사이드 타그마우이(Saïd
　　　Taghmaoui)

⟨지중해(Mediterraneo)⟩
코미디 | 이탈리아 | 1991년
감독 : 가브리엘 살바토레(Gabriele Salvatores)
주연 : 클라우디오 비갈리(Claudio Bigagli), 디에고 아바탄투오노(Diego Abatantuono), 주세페
　　　세데르나(Giuseppe Cederna), 클라우디오 비시오(Claudio Bisio)

⟨천국을 향하여(Paradise Now)⟩
스릴러 | 팔레스타인 · 프랑스 · 독일 · 네덜란드 · 이스라엘 | 2005년

감독 : 하니 아부-아사드(Hany Abu-Assad)

주연 : 카이스 나시프(Kais Nashif), 알리 슐리만(Ali Suliman), 루브나 아자발(Lubna Azabal), 아메르 흘레헬(Amer Hlehel)

〈천국의 아이들(Bacheha-Ye Aseman, Children of Heaven)〉

코미디 | 이란 | 1997년

감독 : 마지드 마지디(Majid Majidi)

주연 : 바하레 세디키(Bahare Seddiqi), 아미르 파로크 하세미안(Amir Farrokh Hashemian), 카말 미르카리미(Kamal Mirkarimi), 모하메드 아미르 나지(Mohammad Amir Naji)

〈초콜릿 고마워(Merci pour le chocolat, Nightcap)〉

미스터리 · 범죄 드라마 | 프랑스 · 스위스 | 2000년

감독 : 클로드 샤브롤(Claude Chabrol)

주연 : 이자벨 위페르(Isabelle Huppert), 자크 뒤트롱(Jacques Dutronc), 안나 무글라리스(Anna Mouglalis)

〈취한 말들을 위한 시간(Zamani barayé masti asbha, A Time for Drunken Horses)〉

드라마 | 이란 | 2000년

감독 : 바흐만 고바디(Bahman Ghobadi)

주연 : 아윱 아하마디(Ayoub Ahmadi), 아마네 에크디아르 디니(Amaneh Ekhtiar-dini), 마디 에크디아르 디니(Madi Ekhtiar-dini), 로진 유네시(Rojin Younessi)

〈카비리아(Cabiria)〉

전쟁 드라마 · 어드벤처 | 이탈리아 | 1914년

감독 : 조반니 파스트로네(Giovanni Pastrone)

주연 : 리디아 콰란타(Lidia Quaranta), 카롤리나 카테나(Carolina Catena), 지나 마랑고니(Gina Marangoni), 단테 테스타(Dante Testa)

〈카사블랑카(Casablanca)〉

로맨스 · 멜로 드라마 | 미국 | 1942년

감독 : 마이클 커티즈(Michael Curtiz)

주연 : 험프리 보가트(Humphrey Bogart), 잉그리드 버그만(Ingrid Bergman)

〈코뿔소의 계절(Rhino Season)〉
드라마 | 이란 · 이라크 · 터키 | 2012년
감독 : 바흐만 고바디(Bahman Ghobadi)
주연 : 베흐르즈 보수기(Behrouz Vossoughi), 모니카 벨루치(Monica Bellucci), 일마즈 에르도
　　　간(Yilmaz Erdogan)

〈클래스(Entre les murs, The Class)〉
드라마 | 프랑스 | 2008년
감독 : 로랑 캉테(Laurent Cantet)
주연 : 프랑수아 베고도(François Bégaudeau), 아감 말렘보-에멘(Agame Malembo-Emene), 안
　　　젤리카 산시오(Angélica Sancio)

〈타임 투 리브(Le Temps qui reste, Time to Leave)〉
드라마 | 프랑스 | 2005년
감독 : 프랑수아 오종(François Ozon)
주연 : 멜빌 푸포(Melvil Poupaud), 잔느 모로(Jeanne Moreau), 발레리아 브루니 테데스키
　　　(Valeria Bruni Tedeschi), 다니엘 뒤발(Daniel Duval)

〈태양은 가득히(Le Plein soleil, Purple Noon)〉
스릴러 · 범죄 드라마 | 프랑스 · 이탈리아 | 1960년
감독 : 르네 클레망(René Clément)
주연 : 마리 라포레(Marie Laforêt), 모리스 로네(Maurice Ronet), 알랭 드롱(Alain Delon)

〈테라스의 소년(Halfaouine : Boy of the Terraces)〉
코미디 · 드라마 | 프랑스 · 이탈리아 · 튀니지 | 1989년
감독 : 페리드 부게디르(Ferid Boughedir)
주연 : 셀림 부게디르(Selim Boughedir), 무스타파 아두아니(Mustapha Adouani), 라비아 벤 압
　　　달라(Rabia Ben Abdallah)

〈8과 1/2(Otto e mezzo, Eight and a half)〉
드라마 | 이탈리아 | 1963년
감독 : 페데리코 펠리니(Federico Fellini)
주연 : 마르첼로 마스트로얀니(Marcello Mastroianni), 클라우디아 카르디날레(Claudia
　　　 Cardinale), 아누크 에메(Anouk Aimée)

〈팔레스타인(Le Temps qu'il reste, The Time That Remains)〉
드라마 | 영국 · 이탈리아 · 벨기에 · 프랑스 | 2009년
감독 : 엘리아 술레이만(Elia Suleiman)
주연 : 엘리아 술레이만, 알리 술리만(Ali Suliman), 살레흐 바크리(Saleh Bakri)

〈퐁네프의 연인들(Les Amants du Pont-neuf, The Lovers on the Bridge)〉
로맨스 · 멜로 드라마 | 프랑스 | 1991년
감독 : 레오스 카락스(Leos Carax)
주연 : 줄리엣 비노쉬(Juliette Binoche), 드니 라방(Denis Lavant)

〈표범(Il gattopardo, The Leopard)〉
로맨스 · 멜로 · 전쟁 드라마 | 이탈리아 · 프랑스 | 1963년
감독 : 루키노 비스콘티(Luchino Visconti)
주연 : 버트 랭카스터(Burt Lancaster), 클라우디아 카르디날레(Claudia Cardinale), 알랭 드롱
　　　 (Alain Delon), 파올로 스토파(Paolo Stoppa)

〈페르세폴리스(Persepolis)〉
애니메이션 · 드라마 | 프랑스 · 미국 | 2007년
감독 : 마르잔 사트라피(Marjane Satrapi), 뱅상 파로노(Vincent Paronnaud)

〈황야의 무법자(Per un pugno di dollari, A Fistful of Dollars)〉
서부극 · 액션 드라마 | 독일 · 스페인 · 이탈리아 | 1964년
감독 : 세르지오 레오네(Sergio Leone)
주연 : 클린트 이스트우드(Clint Eastwood), 마리안네 코흐(Marianne Koch), 지안 마리아 볼론
　　　 테(Gian Maria Volontè)

〈휴머니티(L'Humanité, Humanité)〉
드라마 · 미스터리 | 프랑스 | 1999년
감독 : 브루노 뒤몽(Bruno Dumont)
주연 : 엠마누엘 쇼테(Emmanuel Schotté), 세브린 카닐(Séverine Caneele), 필리페 툴리에르
(Philippe Tullier)

〈흔들리는 대지(La Terra Trema)〉
드라마 | 이탈리아 | 1948년
감독 : 루키노 비스콘티(Luchino Visconti)
주연 : 안토니오 아르시디아코노(Antonio Arcidiacono), 쥬세페 아르시디아코노(Giuseppe
Arcidiacono), 니콜라 카스토리노(Nicola Castorino), 로사 카탈라노(Rosa Catalano)

〈히로시마 내 사랑(Hiroshima mon amour)〉
로맨스 · 멜로 · 전쟁 드라마 | 프랑스 · 일본 | 1959년
감독 : 알랭 레네(Alain Resnais)
주연 : 엠마누엘 리바(Emmanuelle Riva), 오카다 에이지(Eiji Okada)

주제어 찾아보기

영화 찾아보기

지중해 국가정보 시리즈 6

지중해의 영화

1판 1쇄 발행 2014년 6월 30일

지은이 박은지
펴낸이 강수걸
편집장 권경옥
편집 양아름 윤은미 손수경
펴낸곳 산지니
등록 2005년 2월 7일 제14-49호
주소 부산광역시 연제구 법원남로15번길 26 위너스빌딩 203호
전화 051-504-7070 | 팩스 051-507-7543
홈페이지 www.sanzinibook.com
전자우편 sanzini@sanzinibook.com
블로그 http://sanzinibook.tistory.com

ISBN 978-89-6545-259-1 93680

* 책값은 뒤표지에 있습니다.
* 이 저서는 2007년 정부(교육과학기술부)의 재원으로 한국연구재단의
지원을 받아 수행된 연구임(NRF-2007-362-A00021)
* 이 도서의 국립중앙도서관 출판시도서목록(CIP)은 e-CIP 홈페이지
(http://www.nl.go.kr/ecip)에서 이용하실 수 있습니다.
(CIP 제어번호: CIP 2014018703)